财政部规划教材
全国高等院校会计系列教材

中级财务会计
学习指导与练习

黄晓平 池巧珠 刘玲娅 主编

中国财经出版传媒集团
中国财政经济出版社

图书在版编目（CIP）数据

中级财务会计学习指导与练习／黄晓平，池巧珠，刘玲娅主编．—北京：中国财政经济出版社，2018.8

财政部规划教材　全国高等院校会计系列教材

ISBN 978 – 7 – 5095 – 8351 – 7

Ⅰ.①中…　Ⅱ.①黄…　②池…　③刘…　Ⅲ.①财务会计 – 高等学校 – 教学参考资料　Ⅳ.①F234.4

中国版本图书馆 CIP 数据核字（2018）第 129667 号

责任编辑：马立祥　　　　　　　　　　责任校对：杨瑞琦
封面设计：孙俪铭

中国财政经济出版社出版

URL：http：//www.cfeph.cn

E – mail：cfeph @ cfeph.cn

（版权所有　翻印必究）

社址：北京市海淀区阜成路甲 28 号　邮政编码：100142

营销中心电话：010 – 88191537　北京财经书店电话：64033436　84041336

三河市宏图印务有限公司印刷　各地新华书店经销

787×1092 毫米　16 开　15.5 印张　374 000 字

2018 年 7 月第 1 版　2018 年 7 月河北第 1 次印刷

定价：36.00 元

ISBN 978 – 7 – 5095 – 8351 – 7

（图书出现印装问题，本社负责调换）

本社质量投诉电话：010 – 88190744

打击盗版举报热线：010 – 88191661　QQ：2242791300

前 言

本书是财政部规划教材、全国高等院校会计系列教材。

作为《中级财务会计》配套的指导与练习，主要目的是为任课教师提供有力的教辅支撑，为学生提供更为实用的学习辅导资料，提高学习效果。本书在顺序上与主教材顺序完全一致，以便于学生循序渐进地学习利用。每一章包括以下基本内容：知识点梳理；复习思考题；自测题（包括单选题、多选题、判断题、实务题）。在各章自测题及练习题中还相应插入了与题型相匹配的近5年国家会计专业技术职称中级、初级会计科目部分考试真题及解析。

本书由黄晓平、池巧珠、刘玲娅教授任主编，张菊、赵素琴副教授任副主编。具体分工如下：黄晓平编写第1、6章、池巧珠编写第2、3章；赵素琴编写第4、5章；刘玲娅编写第7、14章；张菊编写第12、13章；董培苓编写第8、9章；李益兰编写第10、11章。全书由黄晓平总纂定稿。

本书为用书学校老师提供了自测题参考答案，如有需要，请以电子邮件的形式向中国财政经济出版社索取（请注明：学校、书名、版次），E－mail：caijingjiaocai@163.com。

本书适用于高等院校财经类专业学生的学习，也可作为企业财会人员培训、自学用书。本书在编写过程中参考了大量的相关著作、教材、文献和网络资料，在此谨向有关作者表示诚挚的谢意和敬意。

编者虽力求完美，但限于水平及时间，书中难免有疏漏和不当之处，恳请读者不吝赐教并批评指正。

编　者
2018年3月

目录

第一章	总论	（ 1 ）
	知识点梳理	（ 1 ）
	复习思考题	（ 4 ）
	自测题	（ 6 ）
第二章	货币资金的核算	（ 11 ）
	知识点梳理	（ 11 ）
	复习思考题	（ 14 ）
	自测题	（ 15 ）
第三章	应收及预付款项的核算	（ 24 ）
	知识点梳理	（ 24 ）
	复习思考题	（ 25 ）
	自测题	（ 27 ）
第四章	存货的核算	（ 39 ）
	知识点梳理	（ 39 ）
	复习思考题	（ 41 ）
	自测题	（ 43 ）
第五章	金融资产的核算	（ 62 ）
	知识点梳理	（ 62 ）
	复习思考题	（ 65 ）
	自测题	（ 66 ）

第六章　长期股权投资的核算 …………………………………………………（ 83 ）
　　知识点梳理 ……………………………………………………………………（ 83 ）
　　复习思考题 ……………………………………………………………………（ 85 ）
　　自测题 …………………………………………………………………………（ 86 ）

第七章　固定资产的核算 …………………………………………………………（ 106 ）
　　知识点梳理 ……………………………………………………………………（ 106 ）
　　复习思考题 ……………………………………………………………………（ 108 ）
　　自测题 …………………………………………………………………………（ 110 ）

第八章　投资性房地产的核算 ……………………………………………………（ 124 ）
　　知识点梳理 ……………………………………………………………………（ 124 ）
　　复习思考题 ……………………………………………………………………（ 126 ）
　　自测题 …………………………………………………………………………（ 128 ）

第九章　无形资产及其他资产的核算 ……………………………………………（ 137 ）
　　知识点梳理 ……………………………………………………………………（ 137 ）
　　复习思考题 ……………………………………………………………………（ 138 ）
　　自测题 …………………………………………………………………………（ 140 ）

第十章　流动负债的核算 …………………………………………………………（ 151 ）
　　知识点梳理 ……………………………………………………………………（ 151 ）
　　复习思考题 ……………………………………………………………………（ 152 ）
　　自测题 …………………………………………………………………………（ 153 ）

第十一章　非流动负债的核算 ……………………………………………………（ 166 ）
　　知识点梳理 ……………………………………………………………………（ 166 ）
　　复习思考题 ……………………………………………………………………（ 166 ）
　　自测题 …………………………………………………………………………（ 168 ）

第十二章　所有者权益的核算 ……………………………………………………（ 179 ）
　　知识点梳理 ……………………………………………………………………（ 179 ）
　　复习思考题 ……………………………………………………………………（ 182 ）

自测题 …………………………………………………………（ 183 ）

第十三章　收入、费用与利润的核算 ……………………………（ 194 ）
　　知识点梳理 ………………………………………………………（ 194 ）
　　复习思考题 ………………………………………………………（ 199 ）
　　自测题 ……………………………………………………………（ 201 ）

第十四章　财务会计报告 …………………………………………（ 215 ）
　　知识点梳理 ………………………………………………………（ 215 ）
　　复习思考题 ………………………………………………………（ 219 ）
　　自测题 ……………………………………………………………（ 221 ）

第 一 章

总 论

知识点梳理

财务会计是运用会计核算的基本原理和方法，以公认的会计准则为准绳，对特定会计主体发生的经济业务或事项进行全面系统地核算与监督，并定期提供该主体的财务状况、盈利能力、现金流量等财务信息的一项专业性经济管理活动。

财务会计主要作用：为决策者和管理者持续提供决策与管理有用的财务会计等经济信息，并积极主动参与特定服务主体的经营管理活动，为规范经济行为，提高经济管理水平和经济效益发挥独特而重要的作用。

现代企业会计分为财务会计与管理会计两大分支。财务会计主要反映企业的财务状况、经营成果和现金流量，并对企业经营活动和财务收支活动进行监督。

管理会计又称内部报告会计，是旨在提高企业经济效益，并通过一系列专门方法，利用财务会计提供的资料及其他资料进行加工、整理和报告，实现对经济过程的预测、决策、规划、控制、责任考核评价等职能，并帮助决策者作出各种专门决策的一个会计分支。

财务会计的主要特征：财务会计与管理会计相比较，主要特征是目标的外向性；规范的约束性；方法与程序的固化性。

财务会计的主要目标：财政部颁发的《企业会计准则——基本准则》明确，我国企业财务报告的目标是向财务报告使用者提供与企业财务状况、经营成果和现金流量等相关的会计信息，反映企业管理层受托责任履行情况，有助于财务报告使用者作出经济决策。

会计要素是根据交易或者事项的经济特征所确定的财务会计对象的基本分类。我国《企业会计准则》按照会计要素的性质将企业会计要素分为资产、负债、所有者权益、收入、费用和利润六大要素，其中，资产、负债和所有者权益要素侧重于反映企业的财务状况，收入、费用和利润要素侧重于反映企业的经营成果。

会计确认是指依据一定的标准，辨认哪些数据能否输入、何时输入会计信息系统以及如何进行报告的过程。

在会计记录中的初始确认基本条件是：有关项目要确认为一项会计要素，必须符合该会计要素的定义；与该项目有关的任何未来经济利益很可能会流入或流出企业；该项目具有的成本和价值以及流入或流出的经济利益能够可靠地计量。

资产是指企业过去的交易或者事项形成的，由企业拥有或者控制的，预期会给企业带来经济利益的资源。

负债是指企业过去的交易或者事项形成的，预期会导致经济利益流出企业的现时义务。

所有者权益是指企业资产扣除负债后由所有者享有的剩余权益。所有者权益的确认、计量主要取决于资产、负债、收入、费用等其他会计要素的确认和计量。

收入是指企业在日常活动中形成的、会导致所有者权益增加的、与所有者投入资本无关的经济利益的总流入。

费用是指企业在日常活动中发生的，会导致所有者权益减少，与向所有者分配利润无关的经济利益的总流出。

利润是指企业在一定会计期间的经营成果。利润包括收入减去费用后的净额、直接计入当期利润的利得和损失等。直接计入当期利润的利得和损失，是指应当计入当期损益、最终会引起所有者权益发生增减变动的、与所有者投入资本或者向所有者分配利润无关的利得或者损失。

利润的确认主要依赖于收入和费用以及利得和损失的确认，其金额的确定也主要取决于收入、费用、利得、损失金额的计量。

财务会计的基本前提亦称基本假设，是企业会计确认、计量和报告的前提，是对会计核算所处时间及空间环境等所作的合理设定。财务会计基本前提包括会计主体、持续经营、会计分期和货币计量。

会计主体是指会计工作为其服务的特定单位或组织。会计主体的作用在于界定会计核算的范围。明确界定会计主体是开展会计确认、计量和报告工作的重要前提。会计主体与法律主体不是同一概念。一般来说，法律主体必然可以作为独立的会计主体，但是会计主体并不一定就是法律主体。

持续经营是假设在可以预见的将来，会计主体的生产经营活动将无限期地延续下去，不会大规模削减业务，不会因为进行清算、解散、倒闭而不复存在。它界定了会计核算的时间范围。

会计分期是指将一个企业持续经营的生产经营活动划分为一个个连续的、长短相同的期间，以便分期结算账目和编制财务会计报告。从而及时向各方面提供有关企业财务状况、经营成果和现金流量的信息。

会计期间划分的最重要意义就是使得及时向信息使用者提供信息成为可能。同时，有了会计期间，才产生了本期与非本期的区别，由此又产生了权责发生制与收付实现制两种确认基础、流动项目与非流动项目的区别等。

会计期间分为年度、半年度、季度和月度，这些期间均按公历起讫日期确定。半年度、季度和月度均称为会计中期。最常见的会计分期是一年，即会计年度。按年度编制的财务会计报告也称为年报。在我国，会计年度自每年的公历1月1日起至12月31日止。

货币计量是指企业在会计核算过程中采用货币为计量单位，记录、反映企业的经营情况。

《企业会计准则》规定，我国的记账本位币为人民币。业务收支以人民币以外的货币为主的企业，可以按规定选定其中一种货币作为记账本位币。但是，编报的财务会计报告应当折算为人民币。在境外设立的中国企业向国内报送的财务会计报告，应当折算为人民币。

会计核算基础是指会计主体在会计确认、计量和报告中对收入及费用在界定时间上所依据的标准。一般而言，以营利为目的的企业类会计主体采用权责发生制会计核算基础；不以营利为目的非营利组织类会计主体，如行政事业单位等，采用收付实现制会计核算基础。

权责发生制又叫应收应付制，是指会计主体按收入的权利和支出的义务是否归属于本期来确认收入、费用的标准，而不是按款项的实际收支是否在本期发生，也就是以应收应付为标准。权责发生制基础要求，凡是当期已经实现收入和已经发生或应当负担的费用，不论其款项是否已经收付，都应作为当期的收入和费用，计入利润表；凡是不属于当期的收入和费用，即使款项已经在当期收付，也不应作为当期的收入和费用。

收付实现制又叫实收实付制，是指会计主体以本期款项的实际收付作为确定本期收入、费用的标准。凡是本期实际收到款项的收入和付出款项的费用，不论款项是否属于本期，只要在本期实际发生，即作为本期的收入和费用。

会计计量是根据一定的计量标准和计量方法，将符合确认条件的会计要素登记入账并列报于财务报表而确定其金额的过程。会计计量的根本特点是一种价值计量。

根据我国 2006 年版《企业会计准则》的描述，会计计量属性主要包括：历史成本、重置成本、可变现净值、现值和公允价值。

历史成本亦称原始成本，是经由真实交易取得资产所实际支付的代价，代表取得资产当时的公允价格。历史成本原则是会计计量中的最重要和最基本属性。但在价格明显变动时，除货币性项目外，对非货币性项目都可能因此被高估或低估，甚至会失去它作为决策依据的意义。

重置成本又称现行成本或现时投入成本，是指按照当前市场条件，重新取得同样一项资产所需支付的现金或现金等价物金额。重置成本计量属性主要用于高通货膨胀时期的会计计量，同时也用于相关资产的后续计量上。尤其在资产评估工作中，大都采用重置成本的方法。

可变现净值又称预期脱手价值，是指资产按照其正常对外销售所能收到现金或者现金等价物的金额扣减该资产至完工时估计将要发生的成本、估计的销售费用以及相关税费后的金额计量。

现值是企业持有资产通过生产经营，或者持有负债在正常的经营状态下可望实现的未来现金流量的折现值。

公允价值是熟悉情况并自愿的双方，在公平交易的基础上进行资产交换或债务结算的金额。

企业在选用公允价值计量属性时，应按以下三个级次依次确定：资产或负债等存在活跃市场的，活跃市场中的报价应当用于确定其公允价值；不存在活跃市场的，参考熟悉情况并自愿交易的各方最近进行的市场交易价格或参照实质上相同或相似的其他资产或负债等的市场价格确定其公允价值；不存在活跃市场，且不满足上述两个条件的，应当采用估值技术等确定公允价值。

财务会计信息质量要求：可靠性、相关性、可理解性、可比性、实质重于形式、重要性、谨慎性和及时性等。

财务会计规范体系是会计实务工作的指南，是制约财务会计工作的专门法律、法规、准则和制度的总称。

会计法律规范是会计规范体系中最具有约束力的组成部分，它是调整经济活动中会计关系的法律规范的总称，是社会法律制度在会计方面的具体体现，是调节和控制会计行为的外在制约因素。

会计准则是规范会计账目核算、会计报告的一套文件，它的目的在于把会计处理建立在公允、合理的基础之上，并使不同时期、不同主体之间的会计结果的比较成为可能。我国的会计准则由财政部根据会计法律和行政规范制定并发布。我国企业会计准则又分为企业会计准则和小企业会计准则，其中企业会计准则体系由"企业会计准则——基本准则"、"企业会计准则——具体准则"和"企业会计准则应用指南"三个层次组成。

财政部等部门制定的国家统一的会计制度是指国务院财政部门及相关部门根据《会计法》制定发布的关于会计核算、会计监督、会计机构和会计人员以及会计工作管理的制度。

复习思考题

1. 财务会计有哪些特征？

2. 企业财务报告的目标是什么？

3. 企业财务会计要素有哪些，其确认条件是什么？

4. 如何理解会计计量属性及其应用原则?

5. 何为权责发生制、收付实现制?

6. 会计基本前提的含义及其内容是什么?

7. 会计信息的质量要求包括哪些内容?

8. 我国会计规范包括哪些内容?

自 测 题

一、单项选择题

1. 财务会计的目标在于（ ）。
   A. 进行会计核算　　　　　　B. 实施会计监督
   C. 编制财务报告　　　　　　D. 提供会计信息
2. 企业前后各期采用的会计政策应保持一致，不得随意变更，体现的会计信息质量要求是（ ）。
   A. 可比性　　　　　　　　　B. 可靠性
   C. 明晰性　　　　　　　　　D. 相关性
3. 关于会计主体，以下表述不正确的是（ ）。
   A. 会计主体不一定是法律主体
   B. 企业的经济活动应与投资者的经济活动相区分
   C. 会计主体可以是独立的法人，也可以是非法人
   D. 会计主体可以是营利组织，也可以是非营利组织
4. 根据资产的定义，下列各项中不属于资产特征的是（ ）。
   A. 资产是企业拥有或控制的经济资源
   B. 资产预期会给企业带来未来经济利益
   C. 资产具有价值
   D. 资产是由企业过去交易或事项形成
5. 企业将融资租入固定资产按自有固定资产的折旧方法计提折旧，遵循的是会计信息质量的（ ）要求。
   A. 谨慎性　　　　　　　　　B. 实质重于形式
   C. 可比性　　　　　　　　　D. 重要性
6. 关于收入与利得，表述正确的是（ ）。
   A. 收入源于日常活动，利得源于非日常活动
   B. 收入和利得都一定会使得利润增加
   C. 收入会导致经济利益的流入，利得不一定会导致经济利益的流入
   D. 收入会导致所有者权益的增加，利得不一定会导致所有者权益增加
7. 下列不符合企业收入概念的事项是（ ）。
   A. 销售商品所取得的收入　　B. 出租投资性房地产取得的收入
   C. 提供劳务所取得的收入　　D. 处置固定资产取得的净收益
8. 以下不能确认为企业资产的是（ ）。
   A. 经营性租入的生产设备　　B. 融资租入的固定资产
   C. 企业接受捐赠的专利　　　D. 拟购买的材料
9. 确定会计核算空间范围的基本前提（假设）是（ ）。

A. 持续经营 B. 会计主体
C. 货币计量 D. 会计分期

10. 企业在收到预收货款时不确认收入，而在实际发出商品时确认收入。体现的会计核算基础是（　　）。

A. 会计主体 B. 持续经营
C. 权责发生制 D. 会计分期

11. 下列属于财务报告的特点的是（　　）。

A. 主要是对外报告
B. 主要反映企业某一时点的财务状况
C. 会计报表由资产负债表、利润表、现金流量表、所有者权益变动表组成
D. 财务报告就是财务报表

12. 下列不属于损益类账户的是（　　）。

A. 投资收益 B. 公允价值变动损益
C. 资产减值损失 D. 递延收益

13. 企业计提固定资产折旧首先是以（　　）假设为前提的。

A. 会计主体 B. 会计分期
C. 持续经营 D. 货币计量

14. 关于损失，下列说法中正确的是（　　）。

A. 损失是指由企业非日常活动所发生的、会导致所有者权益减少的、与向所有者分配利润无关的经济利益的流出
B. 损失是指由企业日常活动所发生的，会导致所有者权益减少的经济利益的流出
C. 损失只能计入所有者权益项目，不能计入当期损益
D. 损失就是费用

15. 资产按照预计从其持续使用和最终处置中所产生的未来净现金流入量的折现金额计量，其会计计量属性是（　　）。

A. 历史成本 B. 可变现净值
C. 现值 D. 公允价值

真题呈现

1. 下列各项中，导致企业所有者权益总额发生增减变动的业务事项是（　　）。（2016年初会）

A. 当年实现净利润 B. 盈余公积转实收资本
C. 资本公积转实收资本 D. 盈余公积补亏

【答案】A
【解析】B、C、D 只会导致所有者权益内部变化。

二、多项选择题

1. 下列组织可以作为一个会计主体进行核算的有（　　）。

A. 非营利组织 B. 学校
C. 母公司 D. 非单独核算的分公司

2. 会计的基本前提（假设）有（ ）。
   A. 货币计量 B. 持续经营
   C. 会计分期 D. 会计主体

3. 企业的资产必须具备的基本特征包括（ ）。
   A. 企业拥有所有权或控制权 B. 由过去的交易或事项形成
   C. 必须是有型的 D. 预期会给企业带来经济利益

4. 会计计量属性有（ ）。
   A. 历史成本 B. 公允价值
   C. 货币时间价值 D. 重置价值

5. 根据"可靠性"要求，企业会计核算应当做到（ ）。
   A. 如实反映交易事项的真实情况 B. 以实际发生的交易事项为依据
   C. 满足会计信息使用者决策的需要 D. 保证企业会计信息的完整

6. 下列对"可比性"要求，表述正确的有（ ）。
   A. 同一企业不同时期发生的相同或者相似的交易或者事项，应当采用一致的会计政策，不得随意变更
   B. 不同企业发生的相同或者相似的交易或者事项，应当采用规定的会计政策，确保会计信息口径一致、相互可比
   C. 企业对于已经发生的交易或者事项，应当及时进行会计确认、计量和报告，不得提前或者延后
   D. 企业提供的会计信息应当清晰明了，便于财务报告使用者理解和使用

7. 企业的下列做法有违会计信息质量"可比性"要求的是（ ）。
   A. 因客户的财务状况进一步恶化，将坏账准备的计提比例由应收账款余额的10%提高为40%
   B. 对某项固定资产进行了改扩建后，重新确定其折旧年限
   C. 为调节本年利润，将以前年度计提的存货跌价准备全部予以转回
   D. 为避免当年发生经营亏损，将已达到预定可使用状态的工程借款的利息支出予以资本化

8. 下列项目中，应列为本企业资产范围的有（ ）。
   A. 经营租赁方式租出的设备 B. 融资租入的固定资产
   C. 经营租赁方式租入的设备 D. 盘盈的存货

9. 下列项目中，属于企业所有者权益的有（ ）。
   A. 发行股票筹集的资金
   B. 直接计入所有者权益的利得和损失
   C. 留存收益
   D. 发行债券筹集的资金

10. 关于所有者权益，下列说法正确的有（ ）。
    A. 所有者权益是指企业资产扣除负债后由所有者享有的剩余权益

B. 所有者权益金额应取决于资产和负债的计量

C. 利得和损失都会引起所有者权益增减变动

D. 所有者权益项目应当列入资产负债表

11. 关于利润，下列说法中不正确的有（   ）。

    A. 利润是指企业在一定会计期间的经营成果

    B. 直接计入当期利润的利得和损失不影响企业的营业利润

    C. 利润反映企业某一时点的财务状况

    D. 利润金额的确定主要取决于收入和费用的计量，不考虑利得和损失金额的影响

12. 根据谨慎性的要求，在对不确定因素进行判断时，应该（   ）。

    A. 不要高估资产和预计收益   B. 合理估计可能发生的损失和费用

    C. 充分估计可能取得的收益和利润   D. 设置秘密准备

13. 以下做法不符合会计信息质量可比性要求的是（   ）。

    A. 将上期错划为低值易耗品的设备重新调整为固定资产

    B. 鉴于年度利润太多，决定多计提存货跌价准备

    C. 为减少本期经营亏损，将应予费用化的借款费用予以资本化处理

    D. 鉴于本期已经出现的重大亏损局面，决定本期多计提坏账准备

14. 下列做法体现会计核算谨慎性要求的是（   ）。

    A. 采用成本与可变现净值孰低法对存货进行期末计价

    B. 已到期确实无法收回的应收票据经批准以后确认为坏账

    C. 融资租入固定资产作为自有固定资产核算

    D. 采用年数总和法计提固定资产折旧

15. 与反映会计信息质量要求相关的是（   ）。

    A. 会计核算应当以权责发生制为基础

    B. 会计核算应当注重交易或事项的实质

    C. 会计核算应当以实际发生的交易或事项为依据

    D. 会计核算方法一经确定不得变更

三、判断题

1. 法律主体必定是会计主体，但会计主体不一定是法律主体。（   ）
2. 企业在对会计要素进行计量时，只能采用公允价值计量属性。（   ）
3. 企业无论何种状态下都应按照持续经营的基本假设选择会计核算的原则和方法。
（   ）
4. 某一会计事项是否重要，在很大程度上取决于业务涉及的金额大小。（   ）
5. 在我国境内的企业只能以人民币作为记账本位币。（   ）
6. 收入的确认一定会引起资产的增加。（   ）
7. 企业经济利益的流入包括所有者投入的资本。（   ）
8. 负债是企业承担的现实及潜在义务。（   ）
9. 谨慎性要求企业尽可能低估资产、少计收入。（   ）
10. 会计信息质量要求的重要性是指金额较大的信息是重要的，而金额较小的信息是不

重要的。 （ ）
11. 企业计划购买的存货可以确认为流动资产。 （ ）
12. 历史成本通常反映的是资产或者负债过去的价值，而重置成本、可变现净值、现值以及公允价值通常反映的是资产或者负债的现时成本或者现时价值。 （ ）
13. 实质重于形式要求企业应当按照交易或者事项的经济实质进行会计确认、计量和报告。 （ ）
14. 会计信息质量的可比性要求企业不能变更会计政策。 （ ）
15. 我国企业会计准则由国务院统一制定。 （ ）

第二章

货币资金的核算

知识点梳理

货币资金是指在企业生产经营过程中以货币形态存在的那部分资产。企业的货币资金按其存放地点和用途可分为：现金、银行存款及其他货币资金。

现金有狭义和广义之分，狭义的现金是指企业的库存现金；广义的现金包括库存现金、银行存款和其他符合现金定义的现金等价物。

银行存款是指企业存放在银行或其他金融机构的货币资金。

其他货币资金是指除现金、银行存款以外的其他各种货币资金，包括外埠存款、银行汇票存款、银行本票存款、信用证保证金存款、信用卡存款和存出投资款等。

货币资金管理环节的主要风险点：忽视货币资金存量日常管理，导致货币资金持有量过多，资金低效闲置、盈利能力降低，或者货币资金持有量不足，出现支付困难；忽视货币资金的收付流程控制，造成错漏、贪污、舞弊，危及货币资金安全完整。

货币资金管理环节的主要控制措施：通过最佳现金持有量决策方法，如成本模型、随机模型等方法合理确定企业最佳现金持有量；编制和执行严格的现金预算，对货币资金收支的时间、金额、费用标准进行控制，保证货币资金收支的计划性、安全性；加强货币资金的日常管理，采取一定方法争取提前收款、推迟付款，减少货币资金占用额度，以及采用货币资金集中管理模式、收支两条线管理模式等，提高货币资金使用效率，防止错弊发生；对于货币资金收付，制定并有效执行设计严密的内控流程制度。

库存现金是指企业存放在财会部门由出纳人员经管的现款，亦称现金，包括库存的人民币和外币。

现金使用范围：职工工资、津贴；个人劳动报酬和奖金；根据国家规定颁发给个人的科学技术、文化艺术、体育等各种奖金；各种劳保福利费及国家规定对个人的其他支付；向个人收购农副产品及其物资的价款；出差人员必须随身携带的差旅费；结算起点（1 000元）以下的零星支出；中国人民银行确定需要支付现金的其他支出。

允许收进的现金范围：企业内部单位和职工交回的剩余差旅费、备用金等项，销售后不能转账的集体或个人的销货款，以及不足转账起点的小额销售收入等款项。

库存现金限额是指按照《中华人民共和国现金管理暂行条例》的规定，根据业务需要，由开户银行核定的企业库存现金的库存最高限额（企业3~5天的日常零星现金开支，边远地区和交通不发达地区的库存现金库存限额可适当放宽，但最多不得超过15天）。企业库存现金限额一般一年核定一次。

坐支现金就是指单位现金收入直接用于现金开支。

现金支付的一般业务处理程序：收款或领款人出具收款或领款凭证；审批人员审批签字；会计人员对原始凭证进行审核、填制记账凭证；出纳人员办理现金支付，根据原始凭证及记账凭证登记现金日记账；会计人员收回并保管原始凭证及记账凭证，定期汇总登记现金总账。

现金收取的一般业务处理程序：会计人员审核收取现金有关凭证，填制记账凭证交出纳收款，或直接向出纳人员发出收取现金指令；出纳人员清点收取现金，开具收款收据，登记现金日记账（如此前会计人员没有填制记账凭证，出纳应填制记账凭证）；会计人员收回并保管原始凭证及记账凭证，定期汇总登记现金总账。

备用金是指企业财会部门按有关制度规定，拨付给所属报账单位和企业内部有关业务职能管理部门及个人，用于日常零星开支，事后需要报销的备用现金。

定额备用金制是企业的财会部门协同使用备用金的单位，根据日常零星开支的需要，事先核算备用金定额；由使用备用金单位填制借款单一次领出现金，报销时由会计部门根据审核后的报销凭证，用现金补足备用金定额。

非定额备用金制是指满足临时性需要而暂付给有关部门和个人现金，事后经批准实报实销。

《银行账户管理办法》将企事业单位在银行开立的账户分为基本存款账户、一般存款账户、临时存款账户和专用存款账户四种。

基本存款账户是企业办理日常转账结算和现金收付的账户。一个企业只能选择一家商业银行的一个营业机构开立一个基本存款账户，企业的工资、奖金等现金的支取只能通过该账户办理。企事业单位开立基本存款账户，要实行开户许可证制度，必须凭中国人民银行当地分支机构核发的开户许可证办理。企事业单位不得为还贷、还债和套取现金而多头开立基本存款账户。

一般存款账户是企业在基本存款账户以外的银行借款转存、与基本存款账户的企业不在同一地点的附属非独立核算单位的账户，企业可以通过本账户办理转账结算和现金缴存，但不能办理现金支取；企业可在其他银行的一个营业机构开立一个一般存款账户，不得在同一家银行的几个分支机构开立一般存款账户。

临时存款账户是企业因临时经营活动需要开立的账户，如企业异地产品展销、临时性采购资金等。企业可以通过本账户办理转账结算和根据国家现金管理的规定办理现金收付。

专用存款账户是企事业单位因特定用途需要开立的账户，如基本建设项目专项资金、农副产品资金等，企事业单位的销货款不得转入专用存款账户。

银行结算纪律：单位和个人办理支付结算，不准签发没有资金保证的票据或远期支票，套取银行信用；不准签发、取得和转让没有真实交易和债权债务的票据，套取银行和他人资金；不准无理拒绝付款，任意占用他人资金；不准违反规定开立和使用账户。

结算是指由于商品交易、劳务供应或资金调拨等原因而引起的货币收付行为，也称为货币结算业务。款项的结算方式有现金结算和转账结算两大类。

现金结算是指经济业务发生后直接收付现金的结算。

转账结算是指单位、个人在社会经济活动中使用票据、信用卡和汇兑、托收承付、委托收款等结算方式进行货币给付及其资金清算的行为。

银行、单位和个人办理转账结算，都必须遵守"恪守信用、履约付款；谁的钱进谁的账，由谁支配；银行不予垫款"的原则。

银行汇票是汇款人将款项交存当地银行，由出票银行签发的、由其在见票时按照实际结算金额无条件支付给收款人或者持票人的票据。

银行本票是银行签发的、承诺自己在见票时无条件支付确定的金额给收款人或者持票人的票据。

商业汇票是指由收款人或存款人（或承兑申请人）签发，由承兑人承兑，并于到期日向收款人或被背书人支付款项的一种票据。

承兑是指承诺到期将无条件地支付汇票金额的行为。

商业承兑汇票是指由收款人签发，经付款人承兑，或者由付款人签发并承兑的汇票。

银行承兑汇票是指由收款人或承兑申请人签发，并由承兑申请人向开户银行申请，经银行审查同意承兑的汇票。

支票是出票人签发的、委托办理支票存款业务的银行在见票时无条件支付确定的金额给收款人或者持票人的票据。

支票上印有"现金"字样的为现金支票，只能用于支取现金。支票上印有"转账"字样的为转账支票，转账支票只能用于转账。支票上未印有"现金"或"转账"字样的为普通支票，普通支票可以用于支取现金，也可以用于转账。在普通支票左上角划两条平行线的，为划线支票（转账支票），划线支票（转账支票）只能用于转账，不得支取现金。

信用卡是指商业银行向个人和单位发行的，凭以向特约单位购物、消费和向银行存取现金，且具有消费信用的特制载体卡片。

信用卡按使用对象分为单位卡和个人卡，单位卡的使用对象为单位，个人卡的使用对象为个人。信用卡还可按信誉等级不同分为金卡和普通卡。

汇兑是汇款人委托银行将其款项支付给收款人的结算方式，按款项划转方式不同可分为信汇和电汇两种。信汇是指汇款人委托银行通过邮寄方式将款项划给收款人。电汇是指汇款人委托银行通过电报将款项划转给收款人。

托收承付亦称异地托收承付，是指根据购销合同由收款人发货后委托银行向异地付款人收取款项，由付款人向银行承认付款的结算方式。托收款收回的划转方式有邮寄和电汇两种，由托收方选用。

委托收款是收款人委托银行向付款人收取款项的结算方式。委托收款按结算款项的划回方式不同，分为邮寄和电报两种，由收款人选用。

信用证是一种由银行依照客户的要求和指示开立的有条件承诺付款的书面文件。一般为不可撤销的跟单信用证。

网上支付是指用户在网上商城购物时，提交订单后，可以通过中国各银行网上银行进行网上购物支付服务。通过银行与众多电子商务公司和商户的合作，中国各银行网上支付可以应用于综合购物类、票务酒店类、保险产品类、充值游戏类、教育考试类、慈善公益类等数十万家在线商户的网站。只要用户在柜台开通了中国各银行网上银行，可在网上银行的"电子支付"服务首页面自助开通"网银支付服务"。适用于所有中国各银行个人网上银行理财版、贵宾版客户。

未达账项是指企业与银行之间由于凭证传递上的时间差，一方已登记入账而另一方尚未入账的账项。未达账项具体有以下四种类型："银收企未收"；"银付企未付"；"企收银未收"；"企付银未付"。

复 习 思 考 题

1. 如何理解现金的概念及特征？

2. 你认为在货币资金的管理上，如何建立有效的内控制度？

3. 为什么要规定现金的使用范围？

4. 企业在银行可以开立哪些账户？每个账户的用途是什么？

5. 从收款人的角度出发，你认为哪种结算方式更安全？从付款人的角度，你认为哪种结算方式更安全？

自 测 题

一、单项选择题

1. 银行本票是由（　　）签发。
   A. 银行　　　　　　　　　　B. 付款单位
   C. 收款单位　　　　　　　　D. 收款单位或付款单位

2. 企业一般不得从现金收入中直接支付现金，因特殊情况需要坐支现金的，应当事先报经（　　）审查批准。
   A. 上级部门　　　　　　　　B. 工商行政管理部门
   C. 税务部门　　　　　　　　D. 开户银行

3. 按照国家《银行结算账户管理办法》的规定，企业的工资、奖金等现金的支取，只能通过（　　）办理。
   A. 基本存款账户　　　　　　B. 一般存款账户
   C. 临时存款账户　　　　　　D. 专业存款账户

4. 银行汇票付款期限为自出票日起（　　）。
   A. 一个月　　　　　　　　　B. 二个月
   C. 三个月　　　　　　　　　D. 六个月

5. 银行承兑汇票承兑人是（　　）。
   A. 购货单位　　　　　　　　B. 购货单位开户银行
   C. 销货单位　　　　　　　　D. 销货单位开户银行

6. 下列支付结算方式中，需签订购销合同才能使用的是（　　）。
   A. 银行汇票　　　　　　　　B. 银行本票
   C. 托收承付　　　　　　　　D. 支票

7. 下列（　　）不通过"其他货币资金"账户核算。
   A. 银行汇票存款　　　　　　B. 银行本票存款
   C. 备用金　　　　　　　　　D. 存出投资款

8. 下列结算方式中，只能用于同城结算的是（　　）结算方式。
   A. 银行汇票　　　　　　　　B. 支票
   C. 委托收款　　　　　　　　D. 托收承付
9. 单位信用卡的资金一律从其（　　）转账存入。
   A. 基本存款账户　　　　　　B. 一般存款账户
   C. 临时存款账户　　　　　　D. 专用存款账户
10. 企业对无法查明原因的现金溢余，经批准后应转入（　　）账户。
    A. 主营业务收入　　　　　　B. 其他业务收入
    C. 其他应付款　　　　　　　D. 营业外收入
11. 对于银行已入账而企业未入账的未达账项，企业应当（　　）。
    A. 根据"银行对账单"入账
    B. 根据"银行存款余额调节表"入账
    C. 根据对账单和调节表自制凭证入账
    D. 待有关结算凭证到达后入账
12. 下列票据中，本地和异地结算都可以使用的有（　　）。
    A. 银行本票　　　　　　　　B. 普通支票
    C. 转账支票　　　　　　　　D. 商业汇票
13. 下列结算方式中，同城和异地均可以使用的是（　　）。
    A. 转账支票　　　　　　　　B. 银行本票
    C. 银行汇票　　　　　　　　D. 委托收款
14. 企业存放在银行的信用证存款，应通过（　　）账户进行核算。
    A. 其他货币资金　　　　　　B. 银行存款
    C. 在途货币资金　　　　　　D. 库存现金
15. 企业办理日常结算和现金收付的账户是（　　）。
    A. 基本存款账户　　　　　　B. 一般存款账户
    C. 专用存款账户　　　　　　D. 临时存款账户
16. 企业下列各项经济业务不能用现金结算的是（　　）。
    A. 支付给职工的工资　　　　B. 出差人员必须随身携带的差旅费
    C. 向个人收购农产品的支出　D. 上缴税金
17. 汇款人将款项交存银行，由银行签发给汇款人持往外地办理转账结算或支取现金的票据，称为（　　）。
    A. 银行承兑汇票　　　　　　B. 银行汇票
    C. 银行本票　　　　　　　　D. 商业承兑汇票

二、多项选择题

1. 下列存款中，应在"其他货币资金"账户核算的有（　　）。
   A. 外埠存款　　　　　　　　B. 银行汇票存款
   C. 信用卡存款　　　　　　　D. 商业汇票
2. 一般来说，货币资金的管理和控制应当遵循的原则包括（　　）。

A. 严格职责分工 B. 实行交易分开
C. 实施内部稽核 D. 实施定期轮岗制度

3. 下列结算方式中，可用于异地结算的方式有（　　）。
A. 银行汇票结算方式 B. 银行本票结算方式
C. 汇兑结算方式 D. 委托收款结算方式

4. 下列结算方式中，可用于同城结算的方式有（　　）。
A. 支票结算方式 B. 汇兑结算方式
C. 银行本票结算方式 D. 委托收款结算方式

5. 支付结算的结算纪律为（　　）。
A. 不准签发没有资金保证的票据或远期支票，套取银行信用
B. 不准签发、取得和转让没有真实交易和债权债务的票据，套用银行和他人资金
C. 不准无理拒绝付款，任意占用他人资金
D. 不准违反规定开立和使用账户

6. 下列行为中，不符合结算有关规定的有（　　）。
A. 用现金支付出差人员的差旅费
B. 用现金支付向个人采购的农副产品款
C. 持信用卡在结算单位支取现金
D. 签发的支票金额超过企业的银行存款余额

7. 商业汇票的签发人可以是（　　）。
A. 购货单位 B. 销货单位
C. 被背书人 D. 购货单位开户银行

8. 下列项目中，不通过"其他货币资金"账户核算的有（　　）。
A. 取得由本企业开户银行签发的银行本票
B. 银行承兑汇票
C. 由本企业签发普通支票
D. 取得由购货单位签发并承兑的商业汇票

9. 下列票据中，可以背书转让的有（　　）。
A. 现金支票 B. 转账支票
C. 银行汇票 D. 商业汇票

10. 下列票据中，银行见票即付的有（　　）。
A. 未超过一个月的银行汇票 B. 到期的银行承兑汇票
C. 未超过两个月的银行本票 D. 到期的商业承兑汇票

11. 企业现金出纳人员不得兼任的工作有（　　）。
A. 稽核 B. 库存现金保管
C. 登记现金总账 D. 登记现金日记账

12. 货币资金监督检查的内容有（　　）。
A. 货币资金业务相关岗位及人员的设置情况
B. 票据的保管情况
C. 货币资金授权批准制度的执行情况

D. 备用金的使用情况

13. 下列经济业务中，能用现金支付的有（　　）。
    A. 支付职工奖金 65 000 元　　B. 出差人员预借差旅费 1 200 元
    C. 购买办公用品 520 元　　　　D. 购买机器一台 56 000 元
14. 下列各项属于现金管理内容的有（　　）。
    A. 核定现金库存限额　　　　　B. 规定现金使用范围
    C. 不准坐支现金　　　　　　　D. 现金结算企业可根据实际情况选用
15. 关于支票结算方式表述正确的有（　　）。
    A. 印有现金字样的为现金支票　B. 现金支票可以转账
    C. 支票上印有转账字样的为普通支票　D. 转账支票只能用于转账
16. 银行存款日记账余额与银行对账单余额不一致时，产生的原因有（　　）。
    A. 银行会计人员记账有误
    B. 企业会计人员记账有误
    C. 销售产品银行已记收款企业尚未记账
    D. 企业开出转账支票已记账但持票人尚未到银行办理转账

真题呈现

1. 下列填入资产负债表"货币资金"的有（　　）。（2016 年初会）
    A. 库存现金
    B. 银行存款
    C. 其他货币资金
    D. 以公允价值计量且其变动计入当期损益的金融资产

【答案】ABC
【解析】货币资金主要包括库存现金、银行存款和其他货币资金等 3 项。

三、判断题

1. 狭义的库存现金是指企业库存的人民币现金，不包括外币现金。（　　）
2. 不管在任何情况下，企业一律不准坐支现金。（　　）
3. 单位不得由一人办理有关货币资金业务的全过程。（　　）
4. 每个企业只能在银行开立一个基本存款账户，企业的工资、奖金等现金的支取只能通过该账户办理。（　　）
5. 同城或异地的商品交易、劳务供应均可采用银行本票结算方式进行。（　　）
6. 转账支票可以用来转账，也可以用于支取现金。（　　）
7. 企业的各种款项支付都可以使用现金。（　　）
8. 银行承兑汇票的付款人一定是购货企业的开户银行。（　　）
9. 普通支票左上角划两条平行线的，只能用来转账，不能提取现金。（　　）
10. 收款单位收到付款单位交来的银行汇票可以不送交银行办理转账结算，直接背书转

让给另一单位用以购买材料。（　　）

11. 委托收款和托收承付结算方式，都受结算金额起点的限制。（　　）

12. 商业承兑汇票到期日付款人账户存款不足支付时，开户银行应代为付款。（　　）

13. 单位和个人的各种款项的结算，均可采用汇兑结算方式。（　　）

14. 收款单位收到的银行本票可以在票据交换区域内背书转让。（　　）

15. 银行存款余额调节表的余额表示企业实际可以动用的存款余额。（　　）

真题呈现

1. 编制银行存款余额调节表只是为了核对账目，不能成为调节银行存款日记账账面余额的记账依据。（　　）（2016年初会）

【答案】对

【解析】银行存款余额调节表是用来因调整未达账项而产生的银行存款日记账和银行对账单余额不一致，它不是企业调整银行存款余额的原始凭证。

四、实务题

实务题一

一、目的：练习库存现金、银行存款的核算。

二、资料：某企业发生如下经济业务：

（1）开出现金支票一张，向银行提取现金1 600元。

（2）行政管理部门职工张明出差，借支差旅费1 500元，以现金支付。

（3）收到乙单位交来的转账支票一张，金额54 000元，用以归还上月所欠货款，支票已送存银行。

（4）企业开出转账支票一张，归还前欠丙单位货款20 000元。

（5）职工张明出差回来报销差旅费，原借支1 500元，实际报销1 650元，差额150元用现金补付。

（6）将现金18 000元送存银行。

（7）企业向百货公司购买办公用品2 000元，开出转账支票支付款项。

（8）企业向丁单位销售产品一批，增值税专用发票标明价款125 000元，增值税21 250元，共计146 250元，款项已收到。

（9）企业在现金清查中，发现现金短缺200元，原因待查。

（10）上述现金短款原因已查明，系出纳员工作失职造成，当即交回现金200元，已作赔偿。

三、要求：根据以上经济业务编制会计分录。

实务题二

一、目的：练习银行存款余额调节表的编制。

二、资料：某企业2015年6月30日"银行存款日记账"账面余额为226 400元，"银行对账单"余额为269 500元。经核对存在未达账项如下：

（1）6月29日，企业销售产品，收到转账支票一张，金额23 200元，银行尚未入账。

（2）6月29日，企业开出转账支票一张，支付购买材料款58 700元，持票单位尚未向银行办理手续。

（3）6月30日，银行代收到销货款24 800元，企业尚未收到收款通知。

（4）6月30日，银行代付出电费17 200元，企业尚未收到付款通知。

三、要求：根据以上资料编制"银行存款余额调节表"。

实务题三

一、目的：练习其他货币资金的核算。

二、资料：贵明公司发生如下经济业务：

（1）委托银行开出银行本票，票面金额20 000元，有关手续已办妥。

（2）公司派采购员张山行到外地B市采购材料，委托银行汇款100 000元，到B市开立采购账户。

（3）委托银行开出银行汇票80 000元，有关手续已办妥，采购员李轩持票到外地上海市采购材料。

（4）张山行在B市的采购结束，增值税专用发票标明，材料款为85 000元，增值税为14 450元，款项共计99 450元，材料已验收入库。同时接到银行多余款收账通知，退回余款550元。

（5）李轩在上海市采购结束，增值税专用发票标明，材料价款为60 000元，增值税为10 200元，共计款项70 200元，材料已验收入库。余额9 800元退回企业账户。

（6）公司购买办公用品2 500元，用信用卡付款。收到银行转来的信用卡存款的付款凭证及所付账单，经审核无误。

三、要求：根据以上经济业务编制会计分录。

第三章

应收及预付款项的核算

知识点梳理

应收及预付款项是指企业在日常生产经营过程中发生的各项债权,包括应收款项和预付款项。应收款项包括应收票据、应收账款和其他应收款等;预付款项是指企业按照合同规定预付的款项,如预付账款。

应收账款管理的主要方法:不断提高产品市场竞争力,从源头控制应收账款的规模;做好对客户的资信状况的调查和评估,确定合理的销售收款策略;建立应收账款的监控体系、预警机制;重视发挥内部审计对应收账款的监督作用。

预付账款管理的主要方法:建立健全预付账款管理责任制度;建立预付账款的控制制度;建立预付账款台账管理制度;建立健全预付账款清理责任制度。

应收票据是指企业持有的未到期或未兑现的商业票据。

票据贴现是指持票人为了解决临时的资金需要,将尚未到期的票据在背书后送交银行,银行受理后从票据到期值中扣除按银行贴现率计算确定的贴现利息,然后将余额付给持票人,作为银行对企业提供短期贷款的行为。

应收账款是指企业在正常经营活动中,因销售商品或产品、提供劳务等应向购货单位或接受劳务单位收取的款项,包括代垫的运杂费。

商业折扣是指企业为促进销售而在商品标价上给予的扣除。

现金折扣是指债权人为鼓励债务人在规定的期限内付款,而向债务人提供的债务扣除。

预付账款是指企业按购货合同规定预付给供应单位的款项,如预付材料款、商品采购货款、农副产品预购定金等。

其他应收款是指企业除应收票据、应收账款、预付账款、应收利息、应收股利等以外的其他各种应收、暂付款项。

坏账是指企业无法收回或收回可能性极小的应收账款。由于发生坏账而产生的损失,称为坏账损失。

按照有关会计准则,具有以下特征之一的应收账项,企业应确认为坏账:(1)因债务人单位撤销,依照企业法进行清算后,确实无法追回的应收账款;(2)因债务人死亡,已经无遗产可供清偿,又无义务承担人,确认无法收回的应收账款;(3)因债务人逾期未履行偿债义务已超过3年,经多次催讨,确实不能收回的应收账款。

以下情况不得全额计提坏账准备:当年发生的应收款项;计划对应收款项进行重组的;

与关联方发生的应收款项；其他已逾期、但无确凿证据表明不能收回的应收款项。

坏账直接转销法是指在实际发生坏账时确认坏账损失，直接计入期间费用，并注销相应应收账款的一种核算方法。

坏账备抵法是指按期估计坏账损失形成坏账准备，当某一应收款项（应收账款、其他应收款）全部或部分被确认为坏账时，应根据其金额冲减坏账准备，同时转销相应的应收款项金额的一种核算方法。

企业计提坏账准备的范围：企业发生的各种应收账款和其他应收款；企业的预付账款，如有确凿证据表明其不符合预付账款性质，或者因供货单位破产、撤销等原因已无望再收到所购货物的，应当将原计入预付款的金额转入其他应收款的；企业持有的未到期应收票据，如有确凿证据表明不能够收回或收回的可能性不大时，或者已到期的应收票据不能收回款项，已将其账面余额转入应收账款的。除此之外，企业不应对预付账款和应收票据计提相应的坏账准备。

坏账准备计提方法有："余额百分比法"、"账龄分析法"、"销货百分比法"和"个别认定法"等四种。

余额百分比法是指按照期末应收账款余额一定比例估计坏账损失的方法。

账龄分析法是指根据应收账款账龄的长短来估计坏账损失的方法。

销货百分比法是指根据企业销售总额的一定比例估计坏账损失的方法。

个别认定法是指针对每项应收款项的实际情况分别估计坏账损失的方法。

复习思考题

1. 什么是应收票据？应收票据的利息如何计算？怎样进行应收票据利息的账务处理？

2. 什么是应收账款？如何进行应收账款的核算？

3. 什么是坏账损失？坏账损失如何确定？

4. 什么是其他应收款？主要包括哪些内容？

5. 什么是预付账款？如何进行预付账款的核算？

6. 应收票据、应收账款、其他应收款和预付账款在核算内容上有何区别？

自 测 题

一、单项选择题

1. 应通过"应收票据"账户核算的票据有（　　）。
   A. 银行本票　　　　　　　　B. 银行汇票
   C. 支票　　　　　　　　　　D. 商业承兑汇票

2. 商业汇票按不同承兑人分为（　　）。
   A. 商业承兑汇票与银行承兑汇票　　B. 商业汇票与银行汇票
   C. 商业汇票与银行本票　　　　　　D. 银行本票与银行汇票

3. 我国企业会计准则规定应收票据一般按（　　）计价入账。
   A. 到期值　　　　　　　　　B. 贴现净额
   C. 面值　　　　　　　　　　D. 面值加利息

4. 企业2017年3月10日签发一张期限为90天的商业承兑汇票，其到期日为（　　）。
   A. 6月7日　　　　　　　　　B. 6月8日
   C. 6月9日　　　　　　　　　D. 6月10日

5. 企业发生的现金折扣应当作为（　　）处理。
   A. 主营业务收入　　　　　　B. 销售费用
   C. 财务费用　　　　　　　　D. 管理费用

6. 为了鼓励购买者多买而在价格上给予的一定折扣称为（　　）。
   A. 商业折扣　　　　　　　　B. 现金折扣
   C. 销售折让　　　　　　　　D. 削价处理

7. 某企业销售商品一批，计价10 000元，付款条件为"2/10，1/15，n/30"，如果客户在第14天付款，客户应付款（　　）元。
   A. 10 000　　　　　　　　　B. 9 800
   C. 9 850　　　　　　　　　 D. 9 900

8. 某企业赊销商品一批，商品标价10 000元，商业折扣10%，增值税率为17%，现金折扣条件为"2/10，n/20"。企业销售商品时代垫运费300元（不考虑运费增值税），则应收账款的入账金额为（　　）元。
   A. 12 000　　　　　　　　　B. 10 830
   C. 11 700　　　　　　　　　D. 10 630

9. 企业为了采购原材料而事先支付的款项称为（　　）。
   A. 应收账款　　　　　　　　B. 应付票据
   C. 预付账款　　　　　　　　D. 其他应收款

10. 采用定额备用金制度的企业，当基本生产车间报销日常管理支出而补足其备用金定额时，应借记账户是（　　）。
    A. 其他应收款　　　　　　　B. 其他应付款

C. 制造费用 D. 生产成本

11. 企业按规定提取的坏账准备，应计入（　　）账户。
   A. 财务费用 B. 营业外支出
   C. 资产减值损失 D. 制造费用

12. "坏账准备"账户借方发生额反映（　　）。
   A. 已发生的坏账损失 B. 尚未动用的坏账准备
   C. 提取的坏账准备 D. 收回已作为坏账核销的应收账款

13. 某企业年末"应收账款"余额500 000元，年末结账前"坏账准备"贷方余额2 000元，按3‰提取坏账准备，则应计提的坏账准备为（　　）元。
   A. 1 500 B. 2 000
   C. 3 500 D. -500

14. 企业"坏账准备"账户在期末结账前如为贷方余额，其反映的内容是（　　）。
   A. 本年提取的坏账准备
   B. 企业已提取但尚未转销的坏账准备数额
   C. 上年末坏账准备的余额小于本年确认的坏账损失部分
   D. 已经发生的坏账损失

真题呈现

1. 2014年11月30日某企业"坏账准备——应收账款"账户贷方余额为30万元，12月31日相关应收账款所属明细账户借方余额为500万元，经减值测试，该应收账款预计未来现金流量现值为410万元。不考虑其他因素，该企业2014年12月31日应确定的资产减值损失为（　　）万元。（2015年初会）
   A. 120 B. 30
   C. 60 D. 90

   【答案】C
   【解析】2014年12月31日，该公司应计提的坏账准备金额：500-410-30=60（万元）。故选C。

2. 企业将持有的不带息商业汇票向银行申请贴现支付给银行的贴现利息应记入的会计账户是（　　）。（2016年初会）
   A. 财务费用 B. 管理费用
   C. 投资收益 D. 营业外支出

   【答案】A
   【解析】贴现利息是企业筹集资金所产生的费用，应计入财务费用。

二、多项选择题

1. 应收及预付款项包括（　　）。
   A. 应收账款 B. 预付账款

C. 应收票据 D. 其他应收款
2. 我国会计上作为应收票据处理的票据有（　　）。
   A. 银行汇票 B. 银行本票
   C. 商业承兑汇票 D. 银行承兑汇票
3. 带息商业汇票到期值的计算与（　　）有关。
   A. 票据面值 B. 票面利率
   C. 票据期限 D. 贴现率
4. 下列不能全额计提坏账准备的是（　　）。
   A. 当年发生的应收款项
   B. 计划对应收款项进行重组
   C. 与关联方发生的应收款项
   D. 已逾期，但无确凿证据表明不能收回的应收款项
5. 下列各项中，应记入"坏账准备"账户贷方的有（　　）。
   A. 提取坏账准备 B. 冲回多提的坏账准备
   C. 收回以前确认并转销的坏账 D. 备抵法下实际发生的坏账
6. 企业可以提取坏账准备的项目是（　　）。
   A. 应收账款 B. 其他应收款
   C. 应收票据 D. 预付账款
7. 属于其他应收款核算范围的项目有（　　）。
   A. 应收股利 B. 代购货单位垫支的运杂费
   C. 备用金 D. 应收职工欠款
8. 坏账是指企业无法收回的（　　）等。
   A. 库存现金 B. 应收账款
   C. 其他应收款 D. 对外投资
9. 下列有关坏账的确认中，说法正确的有（　　）。
   A. 因债务人破产，经法律清偿后，确实无法收回的应收账款
   B. 债务人死亡，无遗产可清偿的应收账款
   C. 债务人逾期三年不能履行义务，经主管部门审核后可列为坏账的应收账款
   D. 债务人死亡，无义务承担人的应收账款
10. 坏账核算的直接转销法的缺点是（　　）。
    A. 不符合配比要求 B. 虚增利润
    C. 资产负债表上资产不实 D. 核算金额不准确
11. 采用备抵法核算坏账时，可采用下列方法中的（　　）估计坏账损失。
    A. 加权平均法 B. 销货百分比法
    C. 账龄分析法 D. 应收款项余额百分比法
12. 在现金折扣条件下，应收账款的计价方法有（　　）。
    A. 总价法 B. 后进先出法
    C. 加权平均法 D. 净价法
13. 可以作为应收账款入账金额的项目是（　　）。

A. 销项税额 B. 商业折扣
C. 现金折扣 D. 应收包装物租金
E. 代购货单位垫支运杂费

真题呈现

1. 某企业为增值税一般纳税人，开出银行承兑汇票购入原材料一批，并支付银行承兑手续费，下列各项中，关于该企业采购原材料的会计处理表述正确的有（　　）。(2016年初会)
   A. 支付的运输费计入材料成本
   B. 支付的可以抵扣的增值税进项税额计入材料成本
   C. 支付的原材料价款计入材料成本
   D. 支付的票据承兑手续费计入财务费用

【答案】ACD
【解析】购入材料的采购成本主要包括材料的买价、运杂费、入库前的挑选整理费以及由成本负担的税费，但一般纳税人的增值税进项税额除外；支付的票据承兑手续费属于筹资费用，所以计入财务费用。故选ACD。

2. 下列各项中，应记入"其他应收款"账户的是（　　）。(2017年初会)
   A. 应向保险公司收取的理赔费 B. 为职工垫付的水电费
   C. 为购货方代垫的运杂费 D. 租入包装物支付的押金

【答案】ABD
【解析】其他应收款是指企业除应收票据、应收账款、预付账款、应收利息、应收股利等以外的其他各种应收、暂付款项。包括：应收保险公司或其他单位和个人的各种赔款、罚款；应收出租包装物的租金；应向职工收取的各种垫付款项；预付给单位内部各部门或个人的备用金；各种存出保证金，如支付租入包装物的押金。故选ABD。

三、判断题

1. 企业按年末应收款项余额的一定比例计算的坏账准备金额，应等于年末结账后"坏账准备"账户的余额。（　　）
2. 在存在现金折扣的情况下，若采用总价法核算，应收账款应按销售收入扣除预计的现金折扣后的金额确认。（　　）
3. 到期不能收回的带息应收票据，转入"应收账款"账户核算后，期末不再计提利息，其所包含的利息，在有关备查簿中进行登记。（　　）
4. 企业将持有的应收票据背书转让用以购买所需物资时，应将"应收票据"账户的余额转入"应付票据"账户。（　　）
5. 如果当期按应收款项计算应提坏账准备金额为零，应将"坏账准备"账户的余额全部冲回。（　　）
6. 商业承兑汇票的出票人可以是该商业汇票收款人，也可以是付款人，但必须由付款

人承兑。( )
7. 银行承兑汇兑票只能由在承兑银行开立存款账户的存款人签发。( )
8. 企业有应收票据，无论是带息票据，还是不带息票据，在年末资产负债表中均应以原账面余额反映。( )
9. 商业汇票可以背书转让，被背书人应对票据的到期付款负连带责任。( )
10. 应收票据的利息收入，一般可在实际收款时确认；但是，金额较大的，应按权责发生制原则在票据到期前的各期期末确认。( )
11. 企业在销售商品的过程中，代购货单位垫付的包装费、运杂费不得计入"应收账款"，而应计入"其他应收款"。( )
12. 实际发生的现金折扣，应直接冲减发生当期的销售收入。( )
13. 预付账款不多的企业，也可以将预付的货款记入"应付账款"账户的借方。在编制资产负债表时，将抵销了预付账款后的"应付账款"账户的贷方余额记入"应付账款"项目。( )
14. 企业计提坏账准备的方法由企业自行确定。但是坏账准备计提方法一经确定，不得随意变更。如需变更，应在会计报表附注中予以说明。( )

真题呈现

1. 资产负债表日，应收账款的账面价值低于预计未来现金流量值，应计提坏账准备。( )（2017年初会）

【答案】对。

【解析】资产负债表日，应收账款的账面价值低于预计未来现金流量值，说明部分应收账款有可能收不回来，需要计提坏账准备。

四、实务题

实务题一

一、目的：练习应收票据的核算。

二、资料：某企业发生如下经济业务：A公司2017年3月31日销售产品一批，售价10 000元，增值税1 700元，收到甲企业一张期限为3个月，年利率为9%，面值为11 700元的商业承兑汇票。票据到期时，收到甲企业承兑的款项存入银行。

三、要求：
（1）确定该票据的到期日、到期值。
（2）编制相关的会计分录。

实务题二

一、目的：练习应收票据贴现的核算。

二、资料：某企业发生如下经济业务：3月16日光华公司销售一批商品给华丰公司，当日华丰公司签发一张3个月的带息商业承兑汇票给光华公司，面值为84 000元，利率为10%。4月15日光华公司因资金周转需要，将该票据向银行申请贴现，贴现率为12%，贴现所得款项存入银行。票据到期，华丰公司无款支付到期的贴现票据款，银行从光华公司扣回款项。（假定在同一票据区域内）

三、要求：计算票据的贴现息和贴现净值；并编制光华公司有关贴现和退票的会计分录。

实务题三

一、目的：练习应收账款的核算。

二、资料：某企业发生如下经济业务：甲企业在 2016 年 12 月 9 日销售一批商品，增值税专用发票上注明售价 40 000 元，税款 6 800 元，企业为了及早收回货款，给予的现金折扣条件为"2/10，1/20，n/30"。假定计算现金折扣时不考虑增值税。

三、要求：

（1）编制甲企业实现销售收入时的会计分录。

（2）若买方 2016 年 12 月 25 日支付货款，编制收到货款时的会计分录。

（3）若买方 2017 年 1 月 10 日以一张面值 46 800 元，年利率为 6%，期限为 4 个月的商业承兑汇票抵偿该到期无力支付的货款，编制会计分录。

实务题四

一、目的：练习预付账款和其他应收款的核算。

二、资料：某企业为一般纳税人，2016年10月发生下列经济业务：

（1）为购进A材料预付给甲企业80 000元，签发转账支票支付。

（2）从甲企业购进A材料1 000千克，单价80元，计80 000元，增值税率17%。货物税款以预付账款结算。多余款收回存入银行。

（3）乙企业发来B材料，共计进价100 000元，增值税17 000元。上月预付乙企业100 000元，差额填制信汇凭证结清。

（4）经理张芳出差，预借差旅费2 500元，出纳员付给现金。

（5）财会人员李平出差归来，报销差旅费2 800元，其中住宿费增值税专用发票含税额为750元，增值税率6%。超过借款报销额300元以现金支付。

（6）上月末财产清查中发现的原材料短少500元，已列入"待处理财产损溢——待处理流动资产损溢"账户。经查，属保管员朱林责任，则令其赔偿，但赔款尚未收到。

（7）购入A材料时，随货借入丙单位包装物一批，押金200元，均以转账支票支付。

（8）A材料入库，包装物退出，收回押金。

（9）为业务部门核定备用金1 000元，付给现金，不设"备用金"账户核算。

（10）业务部门报来购买办公用品增值税发票，价款550元，增值税率17%，以现金补足其备用金。

三、要求：根据上述经济业务编制会计分录。

实务题五

一、目的：练习坏账损失的核算。

二、资料：光明公司从2014年开始采用应收款项余额百分比法核算坏账损失，坏账准备的提取比例为5%，有关资料如下（暂且只考虑应收账款）：

（1）2014年末"应收账款"账户余额为200 000元。

（2）2015年1月，经董事会批准核销一笔坏账损失，金额为16 000元。

（3）2015年12月，已核销的坏账又收回30 000元。

（4）2016年年末"应收账款"账户余额为260 000元。

三、要求：根据上述经济业务编制有关会计分录。

实务题六

一、目的：练习坏账损失的核算。

二、资料：星惠公司采用应收账款余额百分比法提取坏账准备，提取的比例为1%。12月1日"应收账款"账户余额为700万元，"坏账准备"账户贷方余额为7万元；12月份发生的相关业务如下：

（1）12月10日销售给新昌公司产品一批，价款为200万元，增值税额为34万元，款项234万元尚未收回。

（2）12月18日接开户行通知，以前已核销的大庆公司账款20万元又重新收回。

（3）12月22日经有关部门批准确认一笔坏账，金额34万元。

（4）12月26日接开户行通知，收到上月销售给长江公司的货款600万元。

三、要求：

（1）编制12月18日收回坏账时的会计分录。

（2）编制12月22日确认坏账的会计分录。

（3）计算12月31日应提取的坏账准备，并编制会计分录。

第四章

存货的核算

知识点梳理

存货是指企业在日常活动中持有以备出售的产成品或商品，处在生产过程中的在产品，在生产过程或提供劳务过程中耗用的材料、物料等，包括原材料、在途物资、在产品、半成品、产成品、库存商品以及周转材料（如包装物和低值易耗品）等。

存货的特征：为出售而持有；流动性较强，形态转换快；属于有形资产；具有较强的时效性。

存货按经济用途不同可分为六类：原材料；在产品；自制半成品；产成品；库存商品；周转材料。

存货管理的目标：保证生产正常进行；有利于销售；便于维持均衡生产，降低产品成本；降低存货取得成本；防止意外事件的发生。

企业取得的存货应当按照成本进行初始计量。

外购存货成本包括购买价款、相关税费、运输费以及其他可归属于存货采购成本的费用。

商品流通企业在采购商品过程中发生的运输费、装卸费、保险费以及其他可归属于存货采购成本的费用等进货费用，应计入所购商品成本，也可以先进行归集，期末再根据所购商品的存销情况进行分摊。

自行加工取得的存货的加工成本由投入的原材料或半成品、直接人工和制造费用构成。

委托外单位加工完成的存货，以实际耗用的原材料或半成品、加工费、运费、装卸费等费用以及按规定应计入成本的税金作为实际成本入账。

投资者投入存货的实际成本，应当按照投资合同或协议约定的价值确定，但合同或协议约定的价值不公允的除外。

接受捐赠存货的实际成本，应当按照捐赠方提供的有关凭据上标明的金额加上应支付的相关税费作为实际成本。

债务重组取得存货的实际成本，应当按照受让存货的公允价值作为相关存货的成本。

非货币性资产交换取得存货的实际成本，具有商业实质且换入资产或换出资产的公允价值能够可靠计量的，应当以公允价值和应支付的相关税费作为换入存货的价值；不具有商业实质或交换涉及资产的公允价值不能够可靠计量的，应当按照换出资产的账面价值和应支付的相关税费作为换入存货的成本。

盘盈存货的实际成本，应按其重置成本作为其实际成本入账。

企业确定发出存货的成本，可以采用先进先出法、全月一次加权平均法、移动平均法和个别计价法等方法。

按计划成本计价是指对企业存货的收、发、结存，都按预先确定的计划单价计算；实际成本与计划成本之间的差异，反映在"材料成本差异"账户中，月末计算出发出存货和结存存货应负担的成本差异，再将发出存货和结存存货的计划成本调整为实际成本的一种发出存货的计价方法。

资产负债表日，企业应当按照成本与可变现净值孰低对存货进行计量。

原材料即原料和材料。原料一般指直接取自矿业和农业、林业、牧业、渔业未进行任何初加工的产品，材料一般指经过一些加工的原料。

原材料按其经济内容可分为：原料及主要材料；辅助材料；外购半成品；燃料；修理用备件。

委托加工物资是指企业委托外单位加工成新的材料或包装物、低值易耗品等物资。

库存商品是指企业已完成全部生产过程并已验收入库、符合标准规格和技术条件，可以按照合同规定的条件送交订货单位，或可以作为商品对外销售的产品以及外购或委托加工完成验收入库用于销售的各种商品。库存商品具体包括库存产成品、外购商品、存放在门市部准备出售的商品、发出展览的商品、接受来料加工制造的代制品和为外单位加工修理的代修品等。

周转材料是指企业能够多次使用并可保持原实物形态、其价值随损耗而逐渐转移的不能确认为固定资产的材料，包括包装物、低值易耗品；建筑施工企业在建筑工程施工中可多次利用使用的钢模板、木模板、脚手架和其他周转材料等。

低值易耗品是指劳动资料中单位价值在规定限额以下或使用年限比较短（一般在一年以内）的物品。低值易耗品按其用途分为：一般工具、专用工具、替换设备、包装容器、经营用具、劳动保护用品、管理用具、其他低值易耗品。

低值易耗品摊销的方法有一次转销法和五五摊销法。

包装物是指为包装本企业产品而储备的各种包装容器，如桶、瓶、袋、箱等，主要作用是盛装、装潢产品或商品。企业的包装物按照用途可分为：

（1）生产过程中用于包装产品、作为产品组成部分的包装物。

（2）随同商品出售而不单独计价的包装物、随同商品出售而单独计价的包装物。

（3）出租或出借给购买本企业产品（商品）的单位使用的包装物。

出租或出借包装物的摊销方法有一次转销法和五五摊销法。

确定企业本期发出和期末结存存货数量的方法有永续盘存制和实地盘存制。

复习思考题

1. 什么是存货？存货有哪些基本特征？存货确认条件有哪些？

2. 存货经济用途可分为哪些类别？确定存货的实际成本？

3. 存货采购与付款管理控制包括哪些内容？

4. 按实际成本计价发出的材料的计价方法有哪几种？各有什么优缺点？

5. 周转材料具体包括哪些具体内容？如何进行周转材料的总分类核算？

6. 如何进行委托加工物资的总分类核算？

7. 如何进行存货清查结果的总分类核算？

8. 存货减值的判断标准有哪些？

9. 怎样进行存货的期末计价？如何确定存货可变现净值？

10. 存货盘亏盘盈时应如何进行会计处理？

自 测 题

一、单项选择题

1. 甲企业为增值税小规模纳税工业企业。本期外购原材料一批，购买价格为10 000元，增值税为1 700元，入库前发生的挑选整理费用为500元。该批原材料的入账价值为（　　）元。

   A. 10 000　　　　　　　　　　B. 11 700
   C. 10 500　　　　　　　　　　D. 12 200

2. 某企业采用计划成本进行材料的日常核算。月初结存材料的计划成本为80万元，实际成本为100万元。当月购入材料一批，实际成本为130万元，计划成本为120万元。当月领用材料的计划成本为100万元，当月领用材料应负担的材料成本差异为（　　）万元。

   A. 超支5　　　　　　　　　　B. 节约5
   C. 超支15　　　　　　　　　　D. 节约15

3. 某企业7月1日存货结存数量为200件，单价为4元；7月2日发出存货150件；7月5日购进存货200件，单价4.4元；7月7日发出存货100件。在对存货发出采用移动加权平均法核算的情况下，7月7日结存存货的实际成本为（　　）元。

   A. 648　　　　　　　　　　　B. 432
   C. 1 080　　　　　　　　　　D. 1 032

4. 甲工业企业期末"原材料"账户余额为100万元，"生产成本"账户余额为70万元，"材料成本差异"账户贷方余额为5万元，"库存商品"账户余额为150万元，"工程物资"账户余额为200万元。则甲工业企业期末资产负债表中"存货"项目的金额为（　　）万元。

   A. 245　　　　　　　　　　　B. 315
   C. 325　　　　　　　　　　　D. 515

5. 某增值税小规模纳税企业因火灾盘亏一批材料16 000元。收到各种赔款1 500元，残料入库100元。报经批准后，应计入营业外支出账户的金额为（　　）元。

   A. 17 020　　　　　　　　　　B. 18 620

C. 14 300　　　　　　　　　　　　D. 14 400

6. 随同产品出售单独计价的包装物，发出时按其实际成本计入（　　）中。
   A. 其他业务成本　　　　　　　　B. 管理费用
   C. 销售费用　　　　　　　　　　D. 主营业务成本

7. 企业销售产品领用不单独计价包装物一批，其计划成本为 8 000 元，材料成本差异率为 1%，此项业务企业应计入销售费用的金额为（　　）元。
   A. 8 000　　　　　　　　　　　　B. 7 920
   C. 8 080　　　　　　　　　　　　D. 0

8. 某企业为增值税一般纳税企业，2011 年 4 月购入甲材料 1 000 千克，增值税专用发票上注明的买价为 20 000 元，增值税额为 3 400 元，该批甲材料在运输途中发生 1% 的合理损耗，实际验收入库 990 公斤，该批材料采用计划成本法核算，甲材料的单位计划成本为 22 元/千克，则甲材料的入账金额为（　　）元。
   A. 20 000　　　　　　　　　　　B. 21 780
   C. 22 000　　　　　　　　　　　D. 22 120

9. 大海公司为增值税一般纳税企业，2011 年 6 月购入甲材料 2 000 千克，增值税专用发票上注明的买价为 100 000 元，增值税额为 17 000 元，该批材料在运输途中发生 2% 的合理损耗，在入库前发生挑选整理费用 400 元。该批入库 A 材料的单位成本为（　　）元/千克。
   A. 51.22　　　　　　　　　　　　B. 50
   C. 9.90　　　　　　　　　　　　D. 50.20

10. 某一般纳税企业委托外单位加工一批消费税应税消费品，材料成本 100 万元，加工费 10 万元（不含税），受托方增值税税率为 17%，受托方代收代交消费税 2 万元。该批材料加工后委托方继续生产应税消费品，则该批材料加工完毕入库时的成本为（　　）万元。
    A. 110　　　　　　　　　　　　　B. 102
    C. 113.7　　　　　　　　　　　　D. 112

11. 华联超市 2017 年年初库存商品的成本为 20 万元，售价总额为 25 万元；当年购入商品的成本为 25 万元，售价总额为 35 万元；当年实现的销售收入为 30 万元。在采用售价金额核算法的情况下，该超市 2017 年年末库存商品的成本为（　　）万元。
    A. 22　　　　　　　　　　　　　　B. 22.5
    C. 23　　　　　　　　　　　　　　D. 23.5

12. 下列原材料相关损失项目中，应计入"管理费用"的是（　　）。
    A. 自然灾害造成的原材料损失　　B. 计量差错引起的原材料盘亏
    C. 人为责任造成的原材料损失　　D. 原材料运输途中发生的合理损耗

13. 存货采用先进先出法计价，在存货物价下降的情况下，将会使企业的（　　）。
    A. 期末存货降低，当期利润增加　　B. 期末存货降低，当期利润减少
    C. 期末存货升高，当期利润减少　　D. 期末存货升高，当期利润增加

14. 甲工业企业期末"原材料"账户余额为 150 万元，"生产成本"账户余额为 80 万元，"材料成本差异"账户借方余额为 10 万元，"库存商品"账户余额为 200 万元，"工程物资"账户余额为 220 万元，"发出商品"账户余额为 150 万元，则甲工业企业期末资产负

债表中"存货"项目的金额为（　　）万元。

A. 440　　　　　　　　　B. 570
C. 590　　　　　　　　　D. 810

15. 乙企业采用成本与可变现净值孰低法对存货进行期末计价，成本与可变现净值按单项存货进行比较，2017年12月31日，A、B、C三种存货的成本与可变现净值分别为：A存货成本10万元，可变现净值8万元；B存货成本15万元，可变现净值13万元；C存货成本20万元，可变现净值18万元。A、B、C三种存货已计提的跌价准备分别为1万元、1.5万元、2万元。假定该企业只有这三种存货，2017年12月31日应补提的存货跌价准备总额为（　　）万元。

A. -1.5　　　　　　　　B. 1.5
C. 4.5　　　　　　　　　D. 6

真题呈现

1. 2012年12月31日，甲公司库存丙材料的实际成本为100万元。不含增值税的销售价格为80万元，拟全部用于生产1万件丁产品。将该批材料加工成丁产品尚需投入的成本总额为40万元。由于丙材料市场价格持续下降，丁产品每件不含增值税的市场价格由原来的160元下降为110元。估计销售该批丁产品将发生销售费用及相关税费合计为2万元。不考虑其他因素，2012年12月31日，甲公司该批丙材料的账面价值应为（　　）万元。（2013年中会）

A. 68　　　　　　　　　B. 70
C. 80　　　　　　　　　D. 100

【答案】A

【解析】丁产品的可变现净值=110-2=108（万元），成本=100+40=140（万元），可变现净值低于成本，产品发生的减值，所以丙材料的可变现净值=108-40=68（万元），成本为100万元，存货的账面价值为成本与可变现净值孰低计量，所以2012年12月31日丙材料的账面价值为68万元。

2. 2012年10月12日，甲公司向其子公司乙公司销售一批商品，不含增值税的销售价格为3 000万元，增值税税额为510万元，款项尚未收到；该批商品成本为2 200万元，至当年12月31日，乙公司已将该批商品对外销售80%，不考虑其他因素，甲公司在编制2012年12月31日合并资产负债表时，"存货"项目应抵销的金额为（　　）万元。（2013年中会）

A. 160　　　　　　　　　B. 440
C. 600　　　　　　　　　D. 640

【答案】A

【解析】甲公司在编制2012年12月31日合并资产负债表时，"存货"项目应抵销的金额为未实现的内部销售损益，金额=（3 000-2 200）×20%=160（万元）。

3. 甲企业采用移动加权平均法计算发出甲材料的成本，2013年4月1日，甲材料结存

300 千克，每千克实际成本为 3 元；4 月 3 日，发出甲材料 100 千克；4 月 12 日，购入甲材料 200 千克，每千克实际成本 10 元；4 月 27 日，发出甲材料 350 千克，4 月末该企业甲材料的期末结存成本为（　　）。（2014 年初会）

  A. 450   B. 440
  C. 500   D. 325

【答案】D

【解析】4 月 12 日，甲材料的加权平均单位成本 =［(300 - 100)×3 + 200×10］÷(300 - 100 + 200) = 6.5（元/千克），4 月末该企业甲材料结存成本 =（300 - 100 + 200 - 350）×6.5 = 325（元）。

4. 甲公司向乙公司发出一批实际成本为 30 万元的原材料，另支付加工费 6 万元（不含增值税），委托乙公司加工一批适用消费税税费为 10% 的应税消费品，加工完成收回后，全部用于连续生产应税消费品，乙公司代扣代缴的消费税款准予后续抵扣。甲公司和乙公司均系增值税一般纳税人，适用的增值税税率均为 17%。不考虑其他因素，甲公司收回的该批应税消费品的实际成本为（　　）万元。（2015 年中会）

  A. 36   B. 39.6
  C. 40   D. 42.12

【答案】A

【解析】委托加工物资收回后用于连续加工应税消费品的，所纳税款准予按规定抵扣，不计入委托加工物资的成本，所以甲公司收回的该批应税消费品的实际成本 = 30 + 6 = 36（万元）。

5. 某企业为增值税小规模纳税人，该企业购入一批原材料，取得的增值税专用发票上注明价款 100 万元，增值税税额 17 万元，另付保险费 1 万元，不考虑其他因素，该批材料的入账成本为（　　）万元。（2016 年初会）

  A. 118   B. 117
  C. 100   D. 101

【答案】A

【解析】该批材料的入账成本 = 100 + 17 + 1 = 118（万元）。

6. 下列各项中，关于企业领用原材料的会计处理表述不正确的是（　　）。（2016 年初会）

  A. 在建厂房工程领用的原材料成本应计入工程成本
  B. 专设销售机构日常维修房屋领用的原材料应计入销售费用
  C. 生产车间日常维修房屋领用的原材料应计入制造费用
  D. 生产车间生产产品领用原材料成本应计入成本

【答案】C

【解析】生产车间日常维修房屋领用的原材料应计入管理费用。

7. 甲企业是增值税一般纳税人，税率为 17%，委托乙加工一批物资，成本 100 万元，乙公司代扣代缴消费税 8 万元，支付加工费 3 万元，运费 2 万元（不考虑增值税），收回后连续生产应税消费品，下列说法不正确的是（　　）。（2017 年初会）

  A. 乙公司代扣代缴消费税税 8 万元计入成本

B. 支付的加工费2万元计入成本
C. 乙公司代扣代缴的消费税8万元计入"应交税费——应交消费税"借方
D. 委托加工物资用成本105万元

【答案】A
【解析】委托加工物资的成本应当包括加工中实际耗用物资的成本、支付的加工费用及应负担的运杂费、支付的应计入材料成本的税金等。委托加工物资的成本包括=100+2+3=105万元;需要交纳消费税的由受托方代收代交的消费税,应分别以下情况处理:委托加工的商品收回后直接用于销售的,计入加工物资的成本,若收回后用于连续加工应税消费品,借记"应交税费——应交消费税"账户,所以A是正确的。

8. 甲公司为增值税一般纳税人,适用增值税税率17%,购入原材料,增值税专用发票注明价款50万元,增值税8.5万元,支付装卸费0.3万元,入库前挑选整理费0.2万元,运费0.1万元(不考虑增值税),材料入账价格是(　　)万元。(2017年初会)
   A. 56   B. 59
   C. 50.4   D. 50.6

【答案】D
【解析】材料的入账价值=50+0.3+0.2+0.1=50.6,故选项D是正确的。

二、多项选择题

1. 下列项目中,应计入材料采购成本的有(　　)。
   A. 入库前的挑选整理费   B. 进口关税
   C. 运输途中的合理损耗   D. 一般纳税人购入材料支付的增值税

2. 企业进行材料清查时,对于盘亏的材料,应先计入"待处理财产损溢"账户,待期末或报经批准后,根据不同的原因可分别转入(　　)。
   A. 管理费用   B. 资本公积
   C. 营业外支出   D. 其他应收款

3. 下列各种物资中,应当作为企业存货核算的有(　　)。
   A. 委托加工材料   B. 在途的材料
   C. 低值易耗品   D. 工程物资

4. 下列各项,构成企业外购存货入账价值的有(　　)。
   A. 买价   B. 运杂费
   C. 运输途中的合理损耗   D. 入库前的挑选整理费用

5. 下列各项与存货相关的费用中,应计入存货成本的有(　　)。
   A. 材料入库前发生的挑选整理费   B. 材料采购过程中发生的装卸费用
   C. 材料入库后发生的储存费用   D. 材料采购过程中发生的保险费

6. 存货的确认是以法定产权的取得为标志的,下列项目不属于企业存货的范围的有(　　)。
   A. 已经购入但未存放在本企业的货物
   B. 已售出但货物尚未运离本企业的存货
   C. 已经运离企业但尚未售出的存货

D. 未购入但存放在企业的存货

7. 期末存货计价过低，可能会引起（　　）。
   A. 当期收益减少
   B. 当期收益增加
   C. 所有者权益增加
   D. 销售成本增加

8. 小规模纳税企业委托其他单位加工产品收回后直接销售的，其发生的下列支出中，应计入委托加工物资成本的有（　　）。
   A. 加工费
   B. 增值税
   C. 发出材料的实际成本
   D. 受托方代收代交的消费税

真题呈现

1. 关于存货成本，表述正确的有（　　）。（2014年初会）
   A. 商品流通企业采购商品的进货费用金额较小的，可以不计入存货成本
   B. 委托加工物资发生的加工费用应计入委托加工物资成本
   C. 商品流通企业发生的进货费用先进行归集的，期末未售商品分摊的进货费用计入存货成本
   D. 企业为特定客户设计的产品直接发生的设计费用应计入产品成本

【答案】ABCD

【解析】商品流通企业采购商品的进货费用金额较小的，可以不计入存货成本；商品流通企业发生的进货费用先进行归集的，期末未售商品分摊的进货费用要计入存货成本中；委托加工物资发生的加工费用应计入委托加工物资成本；企业为特定客户设计的产品直接发生的设计费用应计入产品成本。所以ABCD均正确。

2. 下列各项中，关于原材料按成本核算会计处理表述正确的有（　　）。（2015年初会）
   A. 入库原材"材料成本差异"账户
   B. 发出材料应负担的节约差异应借记"材料成本差异"账户
   C. 发出材料应负担的超支差异应贷记"材料成本差异"账户
   D. 入库材料的节约差异应借记"材料成本差异"账户

【答案】ABC

【解析】选项D，节约差异应计入"材料成本差异"账户的贷方。

3. 企业为外购存货发生的下列各项支出中，应计入存货成本的有（　　）。（2015年中会）
   A. 入库前的挑选整理费
   B. 运输途中的合理损耗
   C. 不能抵扣的增值税进项税额
   D. 运输途中因自然灾害发生的损失

【答案】ABC

【解析】选项D自然灾害损失（即非常损失）不属于合理损耗，应作为营业外支出，不计入存货成本。

4. 下列各项中，有关包装物的会计处理表述正确的有（　　）。（2016年初会）

A. 随商品出售不单独计价的包装物成本，计入销售费用

B. 生产领用的包装物成本，计入生产成本

C. 随商品出售单独计价的包装物成本，计入其他业务成本

D. 多次反复使用的包装物成本，根据使用次数分次摊销计入相应成本费用

【答案】ABCD

【解析】选项ABCD均正确。

5. 下列各项中，影响企业资产负债表日存货可变现净值的是（　　）。(2017年初会)

A. 销售存货过程中估计的销售费用及相关税费

B. 存货的估计售价

C. 货至完工估计将要发生的成本

D. 存货的账面价值

【答案】ABC

【解析】存货可变现净值根据在正常生产经营过程中，以存货的估计售价减去至完工估计将要发生的成本、估计的销售费用以及相关税金后的金额确定。

6. 存货的计价方法有（　　）。(2017年初会)

A. 先进先出法　　　　B. 个别计价法

C. 后进先出法　　　　D. 加权平均法

【答案】ABD

【解析】存货按实际成本计价时，发出存货的成本的计价可以采用先进先出法、全月一次加权平均法、移动平均法和个别计价法等方法。

三、判断题

1. 企业采用计划成本进行材料日常核算时，月末分摊材料成本差异时，超支差异计入"材料成本差异"账户的借方，节约差异计入"材料成本差异"的贷方。（　　）

2. 购入材料在运输途中发生的合理损耗应计入销售费用。（　　）

3. 属于非常损失造成的存货毁损，应按该存货的实际成本计入营业外支出。（　　）

4. 存货发生减值时，要提取存货跌价准备，提取存货跌价准备后，当存货的价值又得到恢复时，不能将提取的存货跌价准备转回。（　　）

5. 存货的成本就是存货的采购成本。（　　）

6. 采用毛利率法核算库存商品时，发出商品的实际成本为本期商品销售收入乘以毛利率。（　　）

7. 盘亏的存货，按规定手续报经批准后，可以减少管理费用。（　　）

8. 自然灾害造成的原材料损失应计入营业外支出。（　　）

9. 应交消费税的委托加工物资收回后用于连续生产应税消费品的，按规定准予抵扣的由受托方代扣代交的消费税，应当计入"应交税费——应交消费税"账户的贷方。（　　）

10. 企业进行存货清查时，对于存货盘盈，应先计入"待处理财产损溢"账户，待期末或报经批准后计入营业外收入。（　　）

真题呈现

1. 企业租入包装物支付的押金应计入其他业务成本。（　　）（2013年初会）

【答案】错

【解析】本题考核其他应收款的核算范围。租入包装物支付的押金，应计入其他应收款，属于企业的资产。

2. 企业已计提跌价准备的存货在结转销售成本时，应一并结转相关的存货跌价准备。（　　）（2014年中会）

【答案】对

【解析】本题考核存货跌价准备的核算。按规定企业计提了存货跌价准备，如果其中有部分存货已经销售，则企业在结转销售成本时，应同时结转对应的存货跌价准备。

3. 企业为执行销售合同而持有的存货，其可变现净值应以合同价格为基础计算。（　　）（2015年中会）

【答案】对

4. 委托加工应税消费品收回后直接用于出售的，委托方代扣代缴的消费税应计入"应交税费——应交消费税"账户。（　　）（2017年初会）

【答案】错

【解析】因为消费税是在生产加工环节进行缴纳，收回后直接用于销售的不需要再缴纳消费税，所以加工环节收回的代收代缴的消费税没办法缴纳，进而计入委托应税消费品的加工成本。

5. 企业委托加工物资收回后用于销售的，应将受托方代收代缴的消费税计入委托加工物资的成本。（　　）（2017年初会）

【答案】对

6. 采用移动加权平均法计算发出存货成本不能在月度内随时结转发出存货的成本。（　　）（2017年初会）

【答案】错

【解析】移动加权平均法和全月一次加权平均法相比，将存货的计价工作分散在月份内进行，平时可以取得发出存货和结存存货的实际成本。

四、实务题

实务题一

一、目的：练习存货按实际成本计价收发的各种方法核算。

二、资料：某企业对A材料存货收发按实际成本计价核算，2017年7月A材料有关资料摘录如下：

月初结存量为8 000kg，单价15元/kg。金额为120 000元。

本月份发生收发业务如下：

（1）3日，购入A材料12 000kg，单价16元/kg，记金额192 000元。

（2）5日，基本生产车间生产产品领用A材料16 000kg。

(3) 8 日，购入 A 材料 16 000kg，单价 16.5 元/kg，计金额 264 000 元。

(4) 12 日，基本生产车间生产产品领用 A 材料 18 000kg。

(5) 28 日，购入 A 材料 4 000kg，单价 17 元/kg，计金额 68 000 元。

三、要求：根据资料完成以下任务：

(1) 分别不同计价方法的要求设置材料明细账，登记期初余额。

(2) 对于发出材料分别采用先进先出法、移动平均法、加权平均法计算发出材料的单价和实际成本，登记 A 材料明细账并结出余额。

(3) 对三种计价方法进行比较，说明各种计价方法的优缺点。

实务题二

一、目的：练习按实际成本计价原材料收发的核算。

二、资料：

1. 某企业采用实际成本计价，2017年4月30日有关账户余额如下：

甲材料初期结存 50 000kg，单价为 2.4 元，金额 120 000 元；乙材料初期结余存量为 20 000kg，单价为 2.9 元，金额 58 000 元。

2. 2017年5月发生下列材料收发业务：

（1）2日，收到银行转来大华公司托收承付结算凭证一份，托收金额为 119 000 元。附增值税专用发票一张，注明购入甲材料 40 000kg，单价 2.5 元，金额 100 000 元，增值税税额为 17 000 元；运输部门开具增值税运费发票一张，为 1000 元运费，增值税率 11%。企业经验证后承付全部款项，甲材料尚未运达企业。

（2）3日，生产车间生产产品领用甲材料 30 000kg、乙材料 4 500kg。

（3）8日，收到银行转来委托收款结算凭证一份，收托金额为 105 300 元。附增值额税专用发票，注明购入乙材料 30 000kg，单价 3 元，计货款 90 000 元，增值税税额为 15 300 元。货款及增值税已通过银行转账支付，材料运到验收入库。

（4）10日，生产车间生产产品领用甲材料 25 000kg、乙材料 32 000kg。

（5）12日，向大华公司购进甲材料 40 000kg，单价 3 元，金额 120 000 元。该材料增值后税率为 17%，按规定先预付货款的 50% 计 60 000 元，其余部分待收材料后再付。

（6）18日，从浩大公司进购甲材料运到，验收时发现短缺 10 000kg，原因待查。

（7）20日，银行转来托收承付结算凭证一份。托收金额为 72 170 元，附增值税专用发票一张，注明购入甲材料 20 000kg，单价 3.05 元，计货款 61 000 元，增值税税额 10 370 元；运单注明运输费 800 元，增值税率 11%。货款、增值税和运费，已从银行存款户支付。

（8）20日，生产车间生产产品领用甲材料 8 500 千克，材料已验收入库。

（9）26日，短缺甲材料原因查明系下列原因所致：供应单位少发 5 000 千克，由供应单位补发材料；运输机构损失 3 000 千克，由运输机构负责赔偿；因不可抗力损失 2 000 千克，由保险公司赔偿。

（10）30日，公司收到某单位捐赠材料一批，捐赠凭证注明该批材料实际成本为 10 万元，增值税额 17 000 元，企业用银行付款支付运杂费 1 000 元及 11% 的增值税。该材料已验收入库。

（11）30日，公司购入的甲材料已经运到并验收入库，发票账单等结算凭证尚未收到，货款尚未支付。

三、要求：假设发出材料采用全月一次加权平均法计价，根据上述资料，编制会计分录。

实务题三

一、目的：练习原材料按计划成本计价的收发核算。

二、资料：

1. 某企业原材料按计划成本计价，2017年4月30日有关账户余额如下：

（1）总账账户月初余额：原材料 945 000 元；材料成本差异 18 900 元。

（2）材料目录与明细账月初余额：

结存原料及主要材料明细账：

A 材料	300 吨	计划单价	2 400 元/吨
B 材料	450 吨	计划单价	500 元/吨
燃料——原煤	500 吨	计划单价	850 元/吨

材料成本差异明细：

材料成本差异——原料及主要材料　18 900 元

材料成本差异——燃料（借差）　7 500 元

2. 2017年5月该企业发生如下材料收发业务：

（1）2日，从甲企业购入A材料500吨。增值税发票上注明货款1 142 000元，增值税额194 140元，运输机构运费单载明运费10 000元，增值税11%。货款、增值税及运杂费已从企业存款户支付，材料已验收入库。

（2）5日，向乙公司购入的B材料800吨，每吨480元，按购货合同约定预付乙公司购料款40%，计153 600元，款项从企业存款户支付。

（3）10日，银行转来神府煤矿托收承付结算凭证一份，托收金额为933 600元。附增值税专用发票一张，注明购入原煤1 200吨，单价600元，计货款720 000元，增值税额93 600元；铁路部门的增值税运费发票一张120 000元，增值税11%。开出面值813 600元，期限6个月，利率6%的商业承兑汇票一张，交给神府煤矿，另以银行存款支付铁路运费及增值税，原煤尚未运到。

（4）13日，向乙公司购入B材料800吨，购买的材料运送单验收入库。增值税专用发票注明货款384 000元，增值税额65 280元；运杂费10 000元，增值税11%。已收到发票账单。除预付货款外，其余款项暂欠。

（5）21日，从神府煤矿购入的原煤运到，验收时发现短缺80吨，经调查60吨系煤矿少发，20吨系自然灾害造成，应由保险公司赔偿。

（6）25日，银行转来华强公司托收承付结算凭证一份。附增值税专用发票一张，载明B材料500吨，货款240 000元，增值税税额40 800元；运杂费16 000元，增值税11%的运费发票一张。经审核无误予以承付，材料尚未运到。

（7）30日，仓库转来收料单，载明收到甲公司发来A材料350吨，结算凭证和发票账单未到。

（8）30日，月末结转材料成本差异。

（9）30日，根据限额领料单、领料单等领料凭证，整理车间、部门领用材料如表4-1所示：

表 4-1

领料凭证	材料名称	领用数量	领料单位	用途	备注
限额领料单	A 材料	800 吨	基本生产车间	生产产品	
限额领料单	B 材料	850 吨	基本生产车间	生产产品	
领料单	原煤	1 000 吨	辅助生产车间	提供劳务	
领料单	A 材料	2.5 吨	基本生产车间	一般耗用	
领料单	B 材料	4 吨	基本生产车间	一般耗用	

三、要求：

根据本月发生的材料采购和发出业务编制会计分录。

计算本月材料成本差异率，计算发出材料负担的成本差异并登记明细分类账和总分类账。

实务题四

一、目的：练习周转材料的核算。

二、资料：华泰公司为一家制造企业，2017年7月份发生下列经济业务：

（1）出借给客户包装物100个，每个月实际成本40元，共计4 000元。每个收取押金70.2元，共计7 020元。该企业采用"五五"摊销法核算出借包装物100个，经检查全部报废，残料收入现金150元。

（2）生产车间领用钢模板一批，实际成本100 000元，用"五五"摊销法分摊销其价值；钢模板、脚手架报废时残料交库作价800元。

三、要求：根据上述经济业务编制会计分录。

实务题五

一、目的：练习存货清查与委托加工物资的核算。

二、资料：申花公司为增值税一般纳税企业，适用的增值税税率为17%。2017年12月初，申花公司库存A材料20 000kg，实际成本为100万元；库存B材料2 200kg，实际成本为67.5万元；库存C材料30 000kg，实际成本为120万元。申花公司发出材料按先进先出法计价。

2017年12月申花公司发生下列相关业务：

（1）2日，财产清查时，发现盘亏B材料1 000kg，该批材料的实际成本为3万元，该批材料的进项税额为0.51万元，原因待查。

（2）4日，委托高德公司将C材料深加工为B材料，用于连续生产应税消费品，按协议向高德公司发出C材料15 000kg。

（3）7日，购入A材料25 000kg，取得的增值税发票注明：不含税价125万元，增值税17%，款项已通过银行存款支付，材料尚未运到。

（4）10日，以库存现金支付7日购入材料的挑选整理费0.05万元。

（5）20日，A材料运到验收入库，入库时发现短缺1 000kg，系供应商少发，并同意退款，退款尚未收到。

（6）23日，以银行存款向高德公司支付不含税加工费30万元，消费税及增值税10万元。

（7）27日，加工完成后的B材料全部运回验收入库，入库数量为10 000kg，申花公司以银行存款支付材料运输费0.5万元，增值率为11%。

（8）31日，确认当月2日盘亏B材料属管理不善造成，全部损失计入当期损益。

三、要求：编制上述业务的会计分录并列示有关计算过程。

真题呈现

1. 甲公司系生产销售机床的上市公司，期末存货按成本与可变现净值孰低计量，并按单个存货项目计提存货跌价准备。相关资料如下：（2017年中会）

资料一：2016年9月10日，甲公司与乙公司签订了一份不可撤销的S型机床销售合同。合同约定，甲公司应于2017年1月10日向乙公司提供10台S型机床，单位销售价格为45万元/台。

2016年9月10日，甲公司S型机床的库存数量为14台，单位成本为0.25万元/台，该机床的市场销售市场价格为42万元/台。估计甲公司向乙公司销售该机床的销售费用为0.18万元/台，向其他客户销售该机床的销售费用为0.15万元/台。

2016年12月31日甲公司对存货进行减值测试，并对S型机床计提存货跌价准备。

资料二：2016年12月31日，甲公司库存一批用于生产W型机床的M材料。该批材料的成本为80万元，可用于生产W型机床10台，甲公司将该批材料加工成10台W型机床尚需投入50万元。该批M材料的市场销售价格总额为68万元，估计销售费用总额为0.6万元。甲公司尚无W型机床订单。W型机床的市场销售价格为12万元/台，估计销售费用为0.1万元/台。

2016年12月31日，甲公司对存货进行减值测试前，"存货跌价准备——M材料"账户的贷方余额为5万元。假定不考虑增值税等相关税费及其他因素。

要求：

（1）计算甲公司2016年12月31日S型机床的可变现净值。

（2）判断甲公司2016年12月31日S型机床是否发生减值，并简要说明理由。如果发生减值，计算应计提存货跌价准备的金额，并编制相关会计分录。

（3）判断甲公司2016年12月31日是否应对M材料计提或转回存货跌价准备，并简要说明理由。如果发生计提或转回存货跌价准备，计算应计提或转回存货跌价准备，并编制相关会计分录。

解：

（1）对于有合同部分，S型机床可变现净值：$10 \times (45 - 0.48) = 448.2$（万元）。

对于无合同部分，S型机床可变现净值：$4 \times (42 - 0.15) = 167.4$（万元）。

所以，S型机床的可变现净值：$448.2 + 167.4 = 615.6$（万元）。

（2）S型机床中有合同部分未减值，无合同部分发生减值。

理由：

对于有合同部分：S型机床成本：$44.25 \times 10 = 442.5$（万元），可变现净值4 482万元，成本小于可变现净值，所以有合同部分S型机床未发生减值。

对于无合同部分：S型机床成本：$44.25 \times 4 = 177$（万元），可变现净值167.4万元，成本大于可变现净值，所以无合同部分S型机床发生减值，应计提存货跌价准备：$177 - 167.4 = 9.6$（万元）。

借：资产减值损失　　　　　　　　　　　　　　　　　　　　96 000
　　贷：存货跌价准备　　　　　　　　　　　　　　　　　　　　96 000

（3）M材料用于生产W机床，所以应先确定W机床是否发生减值，W机床的可变现净值：$10×(12-0.1)=119$（万元），成本：$80+50=130$（万元），W机床可变现净值低于成本，发生减值，据此判断M材料发生减值。M材料的可变现净值：$(12-0.1)×10-50=69$（万元），M材料成本为80万元，所以存货跌价准备余额：$80-69=11$（万元），因存货跌价准备——M材料账户贷方余额5万元，所以本期末应计提存货跌价准备：$11-5=6$（万元）。

  借：资产减值损失   60 000
    贷：存货跌价准备   60 000

2. 不定项选择题（在每个小题的备选答案中，有一项或多项备选答案是符合题意的正确答案，全部选对得满分，少选得相应分值，多选、错选、不选均不得分。）（2013年初会）

甲企业为增值税一般纳税人，适用增值税税率为17%，原材料按实际成本核算，2012年12月初，A材料账面余额90 000元，该企业12月份发生的有关经济业务如下：

（1）5日，购入A材料1 000千克，增值税专用发票上注明的价款300 000元，增值税税额51 000元，购入该种材料发生保险费1 000元，发生运输费4 000元（已取得运输发票），运输过程中发生合理损耗10千克，材料已验收入库，款项均已通过银行付清，运输费用的增值税扣除率7%。

（2）15日，委托外单位加工B材料（属于应税消费品），发出B材料成本70 000元，支付加工费20 000元，取得的增值税专用发票上注明的增值税额为3 400元，由受托代收代缴的消费税为10 000元，材料加工完毕验收入库，款项均已支付，材料收回后用于继续生产应税消费品。

（3）20日，领用A材料60 000元，用于企业专设销售机构办公楼的日常维修，购入A材料支付的相关增值税税额为10 200元。

（4）31日，生产领用A材料一批，该批材料成本15 000元。

问题：

(1) 根据资料（1），下列各项中，应计入外购原材料实际成本的是（　　　）。

  A. 运输过程中的合理损耗   B. 采购过程中发生的保险费
  C. 增值税专用发票上注明的价款 D. 增值税发票上注明的增值税税额

【答案】ABC

【解析】购入材料的实际成本包括买价、运杂费、运输途中的合理损耗、入库前的挑选整理费用、购入物资负担的税金（如关税等）和其他费用。增值税发票上注明的增值税税额可以进行抵扣不计入材料成本。

(2) 根据资料（1），下列各项中，关于甲企业采购A材料的会计处理，结果正确的是（　　　）。

  A. 记入原材料账户的金额为305 000元
  B. 记入原材料账户的金额为304 720元
  C. 记入应交税费——应交增值税（进）账户的金额为51 000元
  D. 记入应交税费——应交增值税（进）账户的金额为51 280元

【答案】BD

【解析】甲企业采购A材料的成本＝$300\,000+1\,000+4\,000×(1-7\%)=304\,720$

(元)；应交增值税进项税额 = 51 000 + 4 000 × 7% = 51 280（元）。

(3) 根据资料（2），关于甲企业委托加工业务的会计处理，正确的是（ ）。

A. 收回委托加工物资成本为 90 000 元

B. 收回委托加工物资的成本为 100 000 元

C. 受托方代收代缴的消费税 10 000 元应计入委托加工物资成本

D. 受托方代收代缴的消费税 10 000 元应计入"应交税费"账户的借方

【答案】AD

【解析】委托加工物资收回后用于连续生产的，按规定准予留抵扣，记入"应交税费——应交消费税"账户的借方，不计在成本中。选项 D 正确，选项 C 错误；收回委托加工物资的成本 = 70 000 + 20 000 = 90 000（元），选项 A 正确，选项 B 错误。

(4) 根据资料（3），下列各项中，甲企业专设销售机构办公楼日常维修领用 A 材料，会计处理正确的是（ ）。

A. 借：销售费用　　　　　　　　　　　　　　　　　　　60 000
    贷：原材料　　　　　　　　　　　　　　　　　　　　　　60 000

B. 借：在建工程　　　　　　　　　　　　　　　　　　　70 200
    贷：原材料　　　　　　　　　　　　　　　　　　　　　　60 000
        应交税费——增值税（进项转出）　　　　　　　　　　10 200

C. 借：销售费用　　　　　　　　　　　　　　　　　　　70 200
    贷：原材料　　　　　　　　　　　　　　　　　　　　　　60 000
        应交税费——增值税（进项转出）　　　　　　　　　　10 200

D. 借：在建工程　　　　　　　　　　　　　　　　　　　60 000
    贷：原材料　　　　　　　　　　　　　　　　　　　　　　60 000

【答案】C

【解析】办公楼日常维修属于增值税的非应税项目，根据税法规定原材料的进项税额不得抵扣，需要转出。选项 AD 错误；销售部门领用的原材料计入销售费用，选项 B 错误，选项 C 正确。

(5) 根据期初材料(1)~(4)，甲企业 31 日 A 材料结存成本（ ）元。

A. 304 800

B. 31 500

C. 319 720

D. 320 000

【答案】C

【解析】甲企业 31 日 A 材料结存成本 = 90 000 + 304 720 - 60 000 - 15 000 = 319 720（元）。

第五章

金融资产的核算

知识点梳理

金融资产是与实物资产相对称的一种资产形式，是指企业所拥有的以价值形态存在的一切可以在有组织的金融市场上进行交易、具有现实价格和未来估价的，代表未来收益或资产合法要求权的凭证的总称，亦称金融工具或证券。金融资产的最大特征是能够在市场交易中为其所有者提供即期或远期的货币收入流量。

金融资产包括一切提供到金融市场上的金融工具。但不论是实物资产还是金融资产，只有当它们是持有者的投资对象时方能称作资产。

金融工具分为所有权凭证和债权凭证。股票是所有权凭证，票据、债券、存款凭证均属债权凭证。但在习惯上，这些金融工具有时也称之为金融资产。

金融资产可分为现金与现金等价物和其他金融资产两大类。企业的金融资产主要包括库存现金、应收账款、应收票据、应收利息、应收股利、其他应收款、贷款、债权投资、股权投资、基金投资和衍生金融资产等。

交易性金融资产是指企业以赚差价为目的而持有的，准备近期内出售而持有的债券投资、股票投资和基金投资。如以赚取差价为目的从二级市场购买的股票、债券、基金等。满足以下条件之一的金融资产，应当划分为交易性金融资产：取得该金融资产的目的，主要是为了近期内出售；属于进行集中管理的可辨认金融工具组合的一部分，且有客观证据表明企业近期采用短期获利方式对该组合进行管理；属于衍生工具。

持有至到期投资是指到期日固定、回收金额固定或可确定，且企业有明确意图和能力持有至到期的非衍生金融资产。持有至到期投资的金融资产主要是债权性投资，如从二级市场上购入的国债、公司债券和金融债券等。

企业在将金融资产划分为持有至到期投资时，应当注意把握其以下特征：到期日固定，回收金额固定或可确定；企业有明确意图持有至到期；企业有能力持有至到期。

贷款和应收款项是指在活跃市场中没有报价、回收金额固定或可确定的非衍生金融资产。

可供出售的金融资产是指初始确认时即被指定为可供出售的非衍生金融资产，以及没有划分为贷款和应收款项、持有至到期投资和以公允价值计量且其变动计入当期损益的金融资产。

按照企业会计准则的规定，企业在金融资产初始确认时对其进行分类后，不得随意变更。

金融资产管理的目标在于如何权衡资产流动性和收益性，既不影响企业正常经营所需的资金需求，又能谋求闲余资金最大的收益水平，提高企业资产运营能力和获利能力，同时又能防范金融资产风险。

为实现金融资产管理的目标，企业一般应从以下方面加强金融资产的管理和控制：严格的授权审批制度；明确的职责分工制度；金融资产的保管控制制度；完整的会计记录制度；严格的记名登记制度；完善的定期盘点制度。

交易性金融资产的计量及损益的确认原则：取得时，应按取得时的公允价值计量，在取得时发生的相关交易费用计入当期损益（投资收益），在取得时实际支付的价款中包含的已到付息期但尚未领取的利息、已宣告但尚未领取的现金股利，应当单独确认为应收项目；在实际收到时冲减已记录的应收股利或应收利息，不确认为投资利益；资产负债表日交易性金融资产的公允价值高于或低于其账面余额的差额，计入本期损益"公允价值变动损益"账户；交易性金融资产持有期间被投资单位宣告发放的现金股利，或在资产负债表日按分期付息、一次还本债券的票面利率计算的利息，应当确认为投资收益；处置交易性金融资产时，应将交易性金融资产的账面价值或实际取得价款的差额，作为当期投资收益，同时将原计入该交易性金融资产的公允价值变动损益转入当期"投资收益"账户。

"实际利率法"，是指按照金融资产或金融负债（含一组金融资产或金融负债）的实际利率计算其摊余成本及各期利息收入或利息费用的方法。

"实际利率"是指将金融资产或金融负债在预期存续期间或适用的更短期间内的未来现金流量折算为该金融资产或金融负债当前账面价值所使用的利率。企业在确定实际利率时，应当在考虑金融资产或金融负债所有合同条款（包括提前还款权、看涨期权、类似期权等）的基础上预计未来现金流量，但不应当考虑未来信用损失。随资产合同各方之间支付或收取的、属于实际利率组成部分的各项收费、交易费用及溢价或折价等，应当在确定实际利率时予以考虑。金融资产的未来现金流量在存续期间无法可靠预计时，应当采用该金融资产在整个合同期内的合同现金流量。

可供出售金融资产的计量和损益确认：

（1）可供出售金融资产初始确认时，应当按照公允价值和相关交易费用之和作为初始入账金额。实际支付的价款中包括的已宣告尚未发放的股利或已到付息期但尚未领取的债券利息，应单独确认为应收项目。

（2）可供出售金融资产若是债权投资，企业应当采用实际利率法，按摊余成本对其进行后续计量并确认投资收益。可供出售金融资产持有期间被投资单位宣告发放的现金股利，应当确认为投资收益。

（3）资产负债表日应按照公允价值进行计量，可供出售金融资产的公允价值高于或低于其账面余额的差额，计入所有者权益类"其他综合收益"账户。

（4）处置可供出售金融资产时，应将可供出售金融资产的账面价值或实际取得价款的差额，作为当期投资收益，同时将原计入"其他综合收益"账户的公允价值累计变动额进行转出，计入当期"投资收益"账户。

交易性金融资产、持有至到期投资和可供出售金融资产核算对比见表5-1。

表 5-1

金融资产种类	主要判断标准	初始计量	后续计量	减值准备	处置	重分类
会计账户为交易性金融资产（报表列报以公允价值计量且其变动入当期损益的金融资产）	近期出售	公允价值（交易费用计入当期投资收益，买时含有到期未付利息或已宣告未发股利的计入应收项目）	公允价值（宣告股利直接计入当期损益，按票面利息计入当期损益，当期公允价值变动计入当期公允价值变动损益）	不需计提减值准备	以处置净额计入银行存款，处置净额的上期公允价值的差额计入当期损益，按公允价值变动账户的余额转入当期投资收益	不允许重分类
持有至到期投资	有能力有意图持有至到期	公允价值＋交易费用（买时含有到期未付利息的计入应收项目，差额计入利息调整）	摊余成本（按实际利率计入当期损益，按票面利息确认应收利息或应计利息，差额计入利息调整账户）	需计提减值（计提减值后按现值计量，按现值乘以实际利率计入当期损益，按票面利息确认利息收入，差额计入利息调整，减值可以通过当期损益转回）	不能提前处置，只能到期收回本金及利息	可以重分类，重分类到可供出售金融资产
可供出售金融资产	不准备近期出售也不准备持有至到期或永远持有	公允价值＋交易费用（买时含有到期未付利息或已宣告未发股利的计入应收项目）	公允价值（宣告股利直接计入当期损益，按实际利率计入当期损益，按票面利息计入当期损益，当期公允价值变动计入当期所有者权益项目）	需计提减值（计提减值后按公允价值计量，按现公允价值乘以实际利率计入当期损益，按票面利息确认利息收入，差额计入利息调整，减值通过当期所有者权益项目转回）	以处置净额计入银行存款，处置净额的上期公允价值的差额计入当期损益，按公允价值变动账户的余额－减值准备账户余额转入当期投资收益	
贷款和应收款项	（不在本章讲述）					

复 习 思 考 题

1. 什么是金融资产？金融资产分为哪几种类型？

2. 作为交易性金融资产应满足哪些条件？

3. 什么是持有至到期投资？持有至到期投资应具备哪些条件？

4. 表明企业没有能力将具有固定期限的金融资产持有至到期的情况有哪些？

5. 交易性金融资产与可供出售金融资产，在资产负债表日公允价值发生变动后账务处理有哪些区别？

自 测 题

一、单项选择题

1. "持有至到期投资"账户的期末借方余额，反映企业持有至到期投资的（　　）。
   A. 净值　　　　　　　　　　B. 实际成本
   C. 账面成本　　　　　　　　D. 摊余成本

2. 资产负债表日交易性金融资产的公允价值发生变动，即交易性金融资产公允价值与其账面价值的差额应直接计入（　　）。
   A. "投资收益"的借方　　　　B. "投资收益"的贷方
   C. 当期损益　　　　　　　　D. 资本利得

3. 企业在持有交易性金融资产期间，被投资单位宣告发放现金股利时，投资企业应编制的会计分录为（　　）。
   A. 借：应收股利　贷：投资收益　　B. 借：应收利息　贷：投资收益
   C. 借：银行存款　贷：应收股利　　D. 借：交易性金融资产　贷：投资收益

4. 2017年5月4日，A公司以银行存款10 000万元购买B公司800万股普通股，每股含有已宣告尚未领取的现金股利0.05元，共计40万元，另支付交易费10万元。A公司将其作为交易性金融资产，该资产的入账价值是（　　）。
   A. 9 950万元　　　　　　　B. 9 960万元
   C. 9 970万元　　　　　　　D. 10 000万元

5. 2017年5月4日，A公司以银行存款10 000万元购买B公司800万股普通股，每股含有已宣告尚未领取的现金股利0.05元，共计40万元，另支付交易费10万元。A公司将其作为可供出售金融资产，该资产的入账价值是（　　）。
   A. 9 950万元　　　　　　　B. 9 960万元
   C. 9 970万元　　　　　　　D. 10 000万元

6. 2017年5月5日，甲公司以每股8元的价格从某证券交易所购入乙公司200万股普通股票，每股含有已宣告尚未领取的现金股利0.01元，另支付交易费24 000元。甲公司将其划分为交易性金融资产，2017年12月31日，该交易性金融资产的账面价值是（　　）。

A. 1 598 万元   B. 1 582.4 万元
C. 1 600 万元   D. 1 660 万元

7. 交易性金融资产初始计量的金额是（   ）。
 A. 原始价值   B. 公允价值
 C. 实际成交金额   D. 历史成本

8. 可供出售金融资产后续计量的金额是（   ）。
 A. 原始价值   B. 公允价值
 C. 实际成交金额   D. 历史成本

9. 持有至到期投资后续计量的金额是（   ）。
 A. 原始价值   B. 公允价值
 C. 摊余成本   D. 实际成本

10. 企业有明确意图并有能力持有至到期，且到期日固定、回收金额固定的非衍生金融资产，正确的做法是（   ）。
 A. 不能确认为交易性金融资产   B. 不能确认为可供出售的金融资产
 C. 可以确认为金融资产   D. 可以确认为持有至到期投资

真题呈现

1. 2012年1月1日，甲公司购入乙公司当月发行的面值总额为1 000万元的债券，期限为5年，到期一次还本付息。票面利率8%，支付价款1 080万元，另支付相关税费10万元，甲公司将其划分为持有至到期投资，甲公司应确认"持有至到期投资——利息调整"的金额为（   ）。（2013年初会）
 A. 70   B. 80
 C. 90   D. 110

【答案】C

【解析】持有至到期投资初始确认时，应当按照公允价值和相关交易费用之和作为初始入账金额。入账成本（1 080 + 10 = 1 090万元）与债券面值差额计为利息调整（1 090 - 1 000 = 90万元），选项C正确。

2. 2012年1月1日，甲公司支付125 000元，购入乙公司同日发行的5年期债券，债券票面价值总额为150 000元。票面年利率为4%，实际年利率为8%，债券利息每年末支付（即每年利息为6 000元），本金在债券到期时一次性偿还。甲公司将其划分为持有至到期投资，2013年12月31日，该债券的账面价值为（   ）元。（2014年初会）
 A. 150 000   B. 125 000
 C. 133 320   D. 129 000

【答案】C

【解析】2012年12月31日持有至到期投资的账面价值 = 125 000 + 125 000 × 8% - 150 000 × 4% = 129 000（元），2013年12月31日持有至到期投资的账面价值 = 129 000 + 129 000 × 8% - 150 000 × 4% = 133 320（元）。选项C正确。

3. 某企业2013年1月1日，购入甲公司2012年7月1日发行的5年期债券，面值2 000万元，票面利率5%，每年年初支付利息，划分为可供出售金融资产核算，实际支付价款2 100（包含已到付息期但尚未领取的利息），另支付交易费用30万元，该资产的账面价值为（　　）万元。(2014年初会)

  A. 2 130　　　　　　　　　　　B. 2 050
  C. 2 080　　　　　　　　　　　D. 2 000

【答案】C

【解析】该可供出售金融资产账面价值 = 2 100 + 30 − 2 000 × 5% × 6/12 = 2 080（万元）。

4. 2014年2月3日，甲公司以银行存款2 003万元（其中含相关交易费用3万元）从二级市场购入乙公司股票100万元股，作为交易性金融资产核算。2014年7月10日，甲公司收到乙公司于当年5月25日宣告分派的现金股利40万元，2014年12月31日，上述股票的公允价值为2 800万元，不考虑其他因素，该项投资使甲公司2014年营业利润增加的金额为（　　）万元。(2015年中会)

  A. 797　　　　　　　　　　　　B. 800
  C. 837　　　　　　　　　　　　D. 840

【答案】C

【解析】上述相关分录如下：

2014年2月3日：
 借：交易性金融资产——成本　　　　　　　　　　　　2 000
   投资收益　　　　　　　　　　　　　　　　　　　 3
  贷：银行存款　　　　　　　　　　　　　　　　　　2 003

2014年5月25日：
 借：应收股利　　　　　　　　　　　　　　　　　　　　40
  贷：投资收益　　　　　　　　　　　　　　　　　　　 40

2014年7月10日：
 借：银行存款　　　　　　　　　　　　　　　　　　　　40
  贷：应收股利　　　　　　　　　　　　　　　　　　　 40

2014年12月31日：
 借：交易性金融资产——公允价值变动　　　　　　　　 800
  贷：公允价值变动损益　　　　　　　　　　　　　　 800

所以该项投资使甲公司2014年营业利润增加的金额 = −3 + 40 + 800 = 837（万元）。选项C正确。

5. 企业持有至到期投资为一次还本付息债券的，资产负债表日确认当期应收未收的利息应计入的会计账户是（　　）。(2016年初会)

  A. 持有至到期投资——应计利息　　B. 应收利息
  C. 其他应收款　　　　　　　　　　D. 长期应收款

【答案】A

【解析】持有至到期投资为一次还本付息债券投资的，在资产负债表日利息计入持有至到期投资——应计利息，增加持有至到期投资的账面价值，选项 A 正确。

6. 企业在资产负债表日计提的可供出售金融资产减值准备，应借记的会计账户是（   ）。（2016 年初会）

  A. 投资收益　　　　　　　　　　B. 资本公积
  C. 资产减值损失　　　　　　　　D. 其他综合收益

【答案】C

【解析】资产负债表日，确定可供出售金融资产发生减值的，应当将应减计的金额作为资产减值损失进行会计处理，同时计提相应的减值准备，借记"资产减值损失"账户，贷记"可供出售金融资产——减值准备"账户，选项 C 正确。

7. 下列各项中，关于分期付息到期还本的持有至到期投资，会计处理表述正确的是（   ）（2017 年初会）

  A. 各期应计利息按票面利率与摊余成本计算确定
  B. 资产负债表日公允价值变动应计入其他综合收益
  C. 取得投资时发生的交易费用计入投资收益
  D. 持有期间的投资收益在资产负债表日按实际利率与摊余成本计算确定

【答案】D

【解析】资产负债表日持有至到期投资为分期付息应按票面利率计算确定的应收未收利息，借记"应收利息"账户，按持有至到期投资摊余成本和实际利率计算确定的利息收入，贷记"投资收益"账户，按其差额，借记或贷记"持有至到期投资——利息调整"账户。

8. 下列各项中，关于可供出售金融资产的会计处理表述正确的是（   ）。（2017 年初会）

  A. 处置损益直接计入其他综合收益
  B. 取得时发生的交易费用计入投资成本
  C. 资产负债表日其公允价值变动计入公允价值变动损益
  D. 购买价款中包含已宣告但尚未发放的现金股利计入投资成本

【答案】B

【解析】选项 A，计入投资收益，选项 C 计入其他综合收益；选项 D，计入应收股利。

二、多项选择题

1. 下列项目属于金融资产的有（   ）。

  A. 库存现金　　　　　　　　　　B. 银行存款
  C. 应收账款　　　　　　　　　　D. 债权投资

2. 企业将金融资产划分为持有至到期的金融资产应具备的基本条件有（   ）。

  A. 有明确意图持有至到期
  B. 有能力持有至到期
  C. 到期日固定、回收金额固定或可确定
  D. 到期日固定、回收金额不固定或不可确定

3. 下列项目中表明企业没有明确意图将金融资产投资持有至到期的有（   ）。

  A. 预计在流动性需要变化时出售金融资产

B. 金融资产的期限不确定
C. 难以合理预计的独立事项发生时出售金融资产
D. 市场利率变化时将出售该金融资产

4. 直接指定为以公允价值计量且其变动计入当期损益的金融资产，主要基于的因素有（　　）。
   A. 全球性的通货膨胀　　　　　　B. 企业的风险管理
   C. 企业的战略投资　　　　　　　D. 国家宏观调控政策

5. 企业取得交易性金融资产时，实际支付的交易费用包括（　　）。
   A. 支付给代理机构的手续费　　　B. 支付给咨询公司的佣金
   C. 支付给券商的手续费　　　　　D. 债券溢价或折价金额

6. "可供出售金融资产"账户应设置的明细账户有（　　）。
   A. 成本　　　　　　　　　　　　B. 公允价值变动
   C. 公允价值变动损益　　　　　　D. 利息调整

7. 构成可供出售金融资产初始投资成本的项目有（　　）。
   A. 应收股利　　　　　　　　　　B. 成交价值
   C. 公允价值　　　　　　　　　　D. 交易税费

8. 持有至到期投资进行重分类的情况可以是（　　）。
   A. 企业经营方针发生变化　　　　B. 更换管理决策者
   C. 投资的意图发生改变　　　　　D. 没有能力持有至到期

9. 下列金融资产不应划分为持有至到期投资的项目有（　　）。
   A. 符合应收款项定义的非衍生金融资产
   B. 符合贷款定义的非衍生金融资产
   C. 初始确认时被指定为交易性非衍生金融资产
   D. 初始确认时被指定为可供出售的非衍生金融资产

10. "持有至到期投资"账户应设置的明细账户有（　　）。
    A. 投资成本　　　　　　　　　　B. 利息调整
    C. 应计利息　　　　　　　　　　D. 公允价值变动

真题呈现

1. 下列关于金融资产后续计量的表述中，正确的有（　　）。（2013年中会）
   A. 贷款和应收贷款应采用实际利率法，按摊余成本计量
   B. 持有至到期投资应采用实际利率法，按摊余成本计量
   C. 交易性金融资产应按公允价值计量，并扣除处置时可能发生的交易费用
   D. 可供出售金融资产应按公允价值计量，并扣除处置时可能发生的交易费用

【答案】AB
【解析】贷款、应收款项和持有至到期投资采用实际利率法，按照摊余成本进行后续计量，选项A和B正确；交易性金融资产和可供出售金融资产按照公允价值进行后续计量，

不能扣除可能发生的交易费用，选项 C 和 D 正确。

2. 资产负债表日，按公允价值计量的有（　　）。（2014 年初会）

　　A. 持有至到期投资　　　　　　B 长期股权投资

　　C. 交易性金融资产　　　　　　D 可供出售金融资产

【答案】CD

【解析】交易性金融资产是以公允价值计量且其变动计入当期损益的金融资产；可供出售金融资产是以公允价值计量，其变动计入所有者权益的金融资产。

3. 下列各项中，关于企业可供出售金融资产的会计处理表述正确的有（　　）。（2016 年初会）

　　A. 取得时发生的交易费用计入初始入账成本

　　B. 资产负债表日公允价值变动计入资本公积

　　C. 出售时取得的价款与其账面余额之间的差额确认为投资收益

　　D. 资产负债表日按照公允价值计量

【答案】ACD

【解析】资产负债表日，可供出售金融资产的公允价值变动计入其他综合收益，选项 B 错误。

4. 下列各项中，关于持有至到期投资会计处理的表述中正确的有（　　）。（2017 年初会）

　　A. 取得时支付的价款中包含的已到付息期但尚未领取的利息，应计入应收利息

　　B. 资产负债表日应根据摊余成本和实际利率，计算确认投资收益

　　C. 取得时支付的交易费用应计入投资收益

　　D. 计提的减值准备在以后期间不得转回

【答案】AB

【解析】选项 C，取得时的交易费用计入资产成本；选项 D 持有至到期投资的减值准备可以转回。正确选项 AB。

5. 下列与可供出售金融资产相关的业务中，导致企业营业利润发生增减变动的是（　　）。（2017 年初会）

　　A. 收到购买价款中包含的已到付息期但尚未领取的利息

　　B. 持有期间取得的现金股利

　　C. 资产负债表日发生的减值损失

　　D. 资产负债表日确认的其他综合收益

【答案】BC

【解析】A 收到购买价款中包含的已到付息期但尚未领取的利息计入应收利息，D 资产负债表日确认的其他综合收益记入所有者权益，故选 BC。

三、判断题

1. 企业应当在初始确认金融资产时将其划分为以公允价值计量且其变动计入当期损益的金融资产、持有至到期的股权投资、贷款和应收款项以及可供出售金融资产。（　　）

2. 企业应当在资产负债表日对以公允价值计量且其变动计入当期损益的金融资产的账

面价值进行检查，有客观证据表明该金融资产发生减值的，应当计提减值准备。（　　）

3. 在活跃市场中没有报价、公允价值不能可靠计量的权益工具投资，不得指定为以公允价值计量且其变动计入当期损益的金融资产。（　　）

4. 贷款和应收款项应以摊余成本进行后续计量。（　　）

5. 企业持有贷款的期间所确认的利息收入应当根据实际利率计算。（　　）

6. 企业判断金融资产是否发生减值，应当以表明金融资产发生减值的客观证据为计量金额。（　　）

7. 持有交易性金融资产的目的主要是为了近期内出售或回购。（　　）

8. 划分为贷款和应收款项需要满足的条件是：活跃市场中没有报价、回收金额不固定或不可确定、非衍生金融资产。（　　）

9. 对于浮动利率贷款、应收款项或持有至到期投资等金融资产，在计算未来现金流量现值时应采用市场利率作为折现率。（　　）

10. 可供出售金融资产在后续计量时，由于公允价值变动形成的利得或损失，除减值损失和外币货币性金融资产形成的汇兑差额外，应当直接计入"其他综合收益"账户中。（　　）

真题呈现

1. 企业持有交易性金融资产的时间超过一年后，应将其重分类为可供出售金融资产（　　）。（2013年中会）

【答案】错

【解析】交易性金融资产与可供出售金融资产之间不能相互重分类。

2. 企业取得交易性金融资产时，支付给证券交易所的手续费和佣金应计入其初始确认金额。（　　）（2015年初会）

【答案】错

【解析】取得交易性金融资产发生的交易费用确认为投资收益，不计入初始确认金额。

3. 2015年12月31日，甲公司因改变持有目的，将原作为交易性金融资产核算的乙公司普通股股票重分类为可供出售金融资产。（　　）（2016年中会）

【答案】错

【解析】交易性金融资产不得与其他类金融资产进行重分类。

4. 出售交易性金融资产发生的净损失应计入营业外支出。（　　）（2017年初会）

【答案】错

【解析】出售交易性金融资产发生的净损失应计入投资收益。

5. 对于以公允价值计量且其变动计入当期损益的金融资产，企业应将相关交易费用直接计入当期损益。（　　）（2017年中会）

【答案】对

【解析】相关交易费用应该直接计入投资收益。

四、实务题

实务题一

一、目的：练习交易性金融资产的核算。

二、资料：2017年6月10日，A公司以580万元从二级市场购入甲公司发行的股票100万股，每股价格5.8元，另支付交易税费6 000元。A公司将该项投资划分为交易性金融资产，并且对甲公司没有重大影响。2017年6月30日，该项股票每股市价为5.75元。2017年8月31日，A公司将持有甲公司的20万股股票出售，每股出售收入6.05元。2017年12月31日，甲公司股票市价每股为6.15元。2018年1月14日，A公司将持有甲公司的30万股股票出售，每股出售收入6.2元。假定A公司每年6月30日和12月31日对外提供财务报告。

三、要求：根据以上经济业务编制如下会计分录：

（1）2017年6月10日，A公司购买股票。

（2）2017年6月30日，甲公司股票公允价值发生变动。

（3）2017年8月31日，A公司将持有的甲公司股票出售。

（4）2017年12月31日，甲公司股票市价发生变动。

（5）2018年1月14日，A公司将持有甲公司的股票出售。

实务题二

一、目的：练习交易性金融资产的核算。

二、资料：2017年1月5日，启蒙公司以赚取差价为目的，从二级市场上购买丙公司当日发行的公司债券并作为交易性金融资产。债券面值1 000万元，票面年利率8%，5年期限，启蒙公司以1 060万元的价格购买该项债券，另支付交易税费1万元。2018年1月7日，启蒙公司将持有丙公司的债券全部出售，出售收入1 080万元。丙公司每年7月1日和12月31日各支付一次利息，启蒙公司每年6月30日和12月31日对外提供财务报告。

三、要求：根据相关经济业务编制启蒙公司如下会计分录：

（1）2017年1月5日，购买债券。

（2）2017年6月30日，该项债券公允价值为1 050万元。

（3）2017年6月30日，应收利息并于7月1日收到利息。

（4）2017年12月31日，该项债券公允价值为1 070万元。

（5）2017年12月31日，应收利息并收到利息。

（6）2018年1月7日，出售该项债券。

实务题三

一、目的：练习持有至到期投资的核算。

二、资料：2012年1月5日，J公司从证券市场上购入S公司于2011年1月5日发行的公司债券，债券期限4年、到期日为2015年1月4日。该债券的票面年利率为4%、每年12月31日支付本年度的利息，到期日一次归还本金和最后一次利息。J公司购入债券的面值为2 000万元，实际支付1 986万元，另支付相关费用10万元。J公司将购入的该债券划分为持有至到期投资。购入债券的实际利率为5%。

三、要求：根据以上经济业务编制J公司如下会计分录：

（1）2012年1月5日，购买公司债券。

（2）2012年12月31日，应收利息与实际收到利息。

（3）2013年12月31日，应收利息与实际收到利息。

（4）2014年12月31日，应收利息。

（5）2015年1月4日，实际收到本金与利息。

实务题四

一、目的：练习持有至到期投资时减值及重分类的核算。

二、资料：A 公司于 2012 年 1 月 1 日从证券市场上购入 B 公司于 2011 年 1 月 1 日发行的债券，该债券 5 年期、票面年利率为 5%，每年 1 月 5 日支付上年度的利息，到期日一次归还本金和最后一次利息。A 公司购入债券的面值为 1 000 万元，实际支付价款为 1 005.35 万元，另支付相关费用 10 万元。A 公司购入后将其划分为持有至到期投资。购入债券实际利率为 6%。假定按年计提利息。2012 年 12 月 31 日 B 公司发生财务困难，该债券的预计未来现金流量现值为 930 万元（不属于暂时性的公允价值变动）。2014 年 1 月 2 日，A 公司将该持有至到期投资重分类为可供出售金融资产，其公允价值为 925 万元。2014 年 2 月 20 日，A 公司以 890 万元的价格出售所持有的 B 公司的债券。

三、要求：编制 A 公司从 2012 年 1 月 1 日至 2014 年 2 月 20 日上述有关业务的会计分录。

实务题五

一、目的：练习可供出售金融资产的核算。

二、资料：2015年4月30日，益友公司以580万元购入和睦公司股票80万股作为可供出售金融资产，每股市价为7.25元，其中每股含有已宣告但尚未领取的现金股利0.15元，另外支付税费6 000元。2015年5月15日，益友公司收到现金股利存入银行。2015年6月30日和睦公司股票每股市价为7.5元，2015年8月7日，和睦公司宣告分派现金股利，每股0.10元。8月25日，益友公司收到分派的现金股利。2015年12月31日，益友公司持有和睦公司股票每股市价为7.55元。2016年1月5日，益友公司以615万元出售该可供出售金融资产。假定益友公司每年6月30日和12月31日对外提供财务报告。

三、要求：根据上述经济业务编制益友公司如下会计分录，并计算该可供出售金融资产的累计损益。

（1）2015年4月30日，购买股票。
（2）2015年5月15日，收到现金股利。
（3）2015年6月30日，和睦公司股票公允价值发生变动。
（4）2015年8月25日，收到分派的现金股利。
（5）2015年12月31日，和睦公司股票公允价值发生变动。
（6）2016年1月5日，出售股票。
（7）2016年1月5日，计算出售股票时的累计损益金额。

真题呈现

1. 甲公司 2011—2013 年对乙公司债券投资业务的相关资料如下：

(1) 2011 年 1 月 1 日，甲公司以银行存款 900 万元购入乙公司当日发行的 5 年期公司债券，作为持有至到期投资核算，该债券面值总额为 1 000 万元，票面年利率为 5%，每年年末支付利息，到期一次偿还本金，但不得提前赎回。甲公司该债券投资的实际年利率为 7.47%。

(2) 2011 年 12 月 31 日，甲公司收到乙公司支付的债券利息 50 万元。当日，该债券投资不存在减值迹象。

(3) 2012 年 12 月 31 日，甲公司收到乙公司支付的债券利息 50 万元。当日，甲公司获悉乙公司发生财务困难，对该债券投资进行了减值测试，预计该债券投资未来现金流量的现值为 800 万元。

(4) 2013 年 1 月 1 日，甲公司以 801 万元的价格全部售出所持有的乙公司债券，款项已收存银行。

假定甲公司持有至到期投资全部为对乙公司的债券投资。除上述资料外，不考虑其他因素。

要求：

(1) 计算甲公司 2011 年度持有至到期投资的投资收益。
(2) 计算甲公司 2012 年度持有至到期投资的减值损失。
(3) 计算甲公司 2013 年 1 月 1 日出售持有至到期投资的损益。
(4) 根据资料（1）～（4），逐笔编制甲公司持有至到期投资相关的会计分录。

("持有至到期投资"账户要求写出必要的明细账户；答案中的金额单位用万元表示)
(2014 年中会)

【答案】

(1) 甲公司 2011 年度持有至到期投资应确认的投资收益 = 期初摊余成本 × 实际利率 = $900 \times 7.47\% = 67.23$（万元）。

(2) 2011 年 12 月 31 日，持有至到期投资的摊余成本 = $900 \times (1 + 7.47\%) - 1\,000 \times 5\% = 917.23$（万元）；2012 年 12 月 31 日持有至到期投资未减值前的摊余成本 = $917.23 \times (1 + 7.47\%) - 1\,000 \times 5\% = 935.75$（万元），甲公司 2012 年度持有至到期投资的减值损失 = $935.75 - 800 = 135.75$（万元）。

(3) 甲公司 2013 年 1 月 1 日出售持有至到期投资的损益（投资收益）= $801 - 800 = 1$（万元）。

(4) 2011 年 1 月 1 日：

借：持有至到期投资——成本　　　　　　　　　　　　　　1 000
　　贷：银行存款　　　　　　　　　　　　　　　　　　　　　　900
　　　　持有至到期投资——利息调整　　　　　　　　　　　　　100

2011 年 12 月 31 日：

借：应收利息　　　　　　　　　　　　　　　　50（1 000 × 5%）

持有至到期投资——利息调整	17.23	
贷：投资收益		67.23（900×7.47%）
借：银行存款	50	
贷：应收利息		50

2012年12月31日：

借：应收利息	50（1 000×5%）	
持有至到期投资——利息调整	18.52	
贷：投资收益		68.52（917.23×7.47%）
借：银行存款	50	
贷：应收利息		50
借：资产减值损失	135.75	
贷：持有至到期投资减值准备		135.75

2013年1月1日：

借：银行存款	801	
持有至到期投资——利息调整	64.25（100-17.23-18.52）	
持有至到期投资减值准备	135.75	
贷：持有至到期投资——成本		1 000
投资收益		1

2. 甲公司债券投资的相关资料如下：

资料一：2015年1月1日甲公司以银行存款2 030万元购入乙公司当日发行的面值总额为2 000万元的4年期公司债券，该债券的票面年利率为4.2%。债券合同约定，未来4年，每年的利息在次年1月1日支付，本金于2019年1月1日一次性偿还，乙公司不能提前赎回该债券，甲公司将该债券投资划分为持有至到期投资。

资料二：甲公司在取得乙公司债券时，计算确定该债券投资的实际年利率为3.79%，甲公司在每年年末对债券投资的投资收益进行会计处理。

资料三：2017年1月1日甲公司在收到乙公司债券上年利息后，将该债券全部出售，所得款项2 025万元收存银行。

假定不考虑增值税等相关税费及其他因素。

要求："持有至到期投资"账户应写出必要的明细账户。

（1）编制甲公司2015年1月1日购入乙公司债券的相关会计分录。

（2）计算甲公司2015年12月31日应确认的债券投资收益，并编制相关会计分录。

（3）编制甲公司2016年1月1日收到乙公司债券利息的相关会计分录。

（4）计算甲公司2016年12月31日应确认的债券投资收益，并编制相关会计分录。

（5）编制甲公司2017年1月1日出售乙公司债券的相关会计分录。（2017年中级）

【答案】

（1）会计分录：

借：持有至到期投资——成本	2 000	
——利息调整	30	
贷：银行存款		2 030

（2）甲公司2015年应确认的投资收益：2 030×3.79%＝76.94（万元）

借：应收利息　　　　　　　　　　　　　　　　84（2 000×4.2%）
　　贷：投资收益　　　　　　　　　　　　　　　　　76.94
　　　　持有至到期投资——利息调整　　　　　　　　 7.06

（3）会计分录：

借：银行存款　　　　　　　　　　　　　　　　84
　　贷：应收利息　　　　　　　　　　　　　　　　　84

（4）2016年应确认的投资收益：（2 030－7.06）×3.79%＝76.67（万元）

借：应收利息　　　　　　　　　　　　　　　　84
　　贷：投资收益　　　　　　　　　　　　　　　　　76.67
　　　　持有至到期投资——利息调整　　　　　　　　 7.33

借：银行存款　　　　　　　　　　　　　　　　84
　　贷：应收利息　　　　　　　　　　　　　　　　　84

（5）会计分录：

借：银行存款　　　　　　　　　　　　　　　 2 025
　　贷：持有至到期投资——成本　　　　　　　　　2 000
　　　　　　　　　　　——利息调整　　　　　　　15.61（30－7.06－7.33）
　　　　投资收益　　　　　　　　　　　　　　　　 9.39

第六章

长期股权投资的核算

知识点梳理

长期股权投资是指投资方对被投资单位实施控制、重大影响的权益性投资,以及对其合营企业的权益性投资。

长期股权投资的特点:投资额度大,持有期限长,不易转换;利益共享,风险共担。

长期股权投资依据投资企业对被投资单位产生的影响,分为控制、共同控制、重大影响等三种类型。

长期股权投资面临的风险可分为投资决策风险、投资运营管理风险和投资清算风险。

长期股权投资的管理关键是要建立健全全面风险管理体系。主要包括:完善企业法人治理结构;建立合理的企业内部组织结构;健全企业内部控制制度;按长期股权投资业务流程进行风险防范。

企业长期股权投资在取得时,应按初始投资成本入账。长期股权投资的初始投资成本,应分别企业合并和非企业合并两种情况确定。

企业在持有长期股权投资期间长期股权投资价值确定:投资方能够对被投资单位实施控制的长期股权投资应当采用成本法核算;投资方对联营企业和合营企业的长期股权投资,应当按照采用权益法核算。

长期股权投资核算成本法是指长期股权投资应当按照初始投资成本入账。在成本法下,长期股权投资以初始投资成本计价,一般不调整其账面价值。只有在收到清算性股利和追加或收回投资时应当调整长期股权投资的成本。被投资单位宣告分派的现金股利或利润,应确认为当期投资收益,不管有关利润分配是属于对取得投资前还是取得投资后被投资单位实现净利润的分配。

长期股权投资核算权益法是指在投资持有期间根据投资企业享有被投资单位所有者权益份额的变动对投资的账面价值进行调整的方法。这种核算方法可以体现出投资的本质,核心是将长期股权投资理解为投资方在被投资单位拥有的净资产量,被投资方实现净利润、出现亏损、分派现金股利、可供出售金融资产的公允价值变动都会引起投资方净资产量的相应变动。

企业长期股权投资核算的内容主要包括:企业持有的能够对被投资单位实施控制的权益

性投资，即对子公司投资；企业持有的能够与其他合营方一同对被投资单位实施共同控制的权益性投资，即对合营企业投资；企业持有的能够对被投资单位施加重大影响的权益性投资，即对联营企业投资。

长期股权投资核算成本法会计处理规则：

（1）持有期间被投资单位宣告分派的利润或现金股利，投资企业按应享有的部分，确认为当期投资收益。

（2）持有期间未改变控制权的股权变动，追加或收回投资应当调整长期股权投资的成本。

（3）资产负债表日，长期股权投资出现减值迹象时投资方应当对长期股权投资进行减值测试，可收回金额低于长期股权投资账面价值的，应当计提减值准备。

（4）处置长期股权投资，成本法下处置长期股权投资时，按实际取得的价款与长期股权投资账面价值的差额确认为投资损益，并应同时结转已计提的长期股权投资减值准备。

长期股权投资核算权益法会计处理规则：

（1）长期股权投资的初始投资成本大于投资时点上应享有被投资单位可辨认净资产公允价值份额的，不应调整长期股权投资的初始投资成本，而应按初始投资成本计量入账；长期股权投资的初始投资成本小于投资时点上应享有被投资单位可辨认净资产公允价值份额的，应作为投资企业的收益处理。

（2）投资方取得长期股权投资后，应当按照应享有或应分担的被投资单位实现的净损益份额，分别确认投资收益，同时调整长期股权投资的账面价值。投资企业确认分摊被投资单位发生的净亏损，原则上应以长期股权投资及其他实质上构成长期权益的项目减记至零为限，投资企业负有承担额外损失义务的除外。

（3）投资方按照被投资单位宣告分派的利润或现金股利计算应享有的部分，相应减少长期股权投资的账面价值。

（4）采用权益法核算的情况下，投资企业对于被投资方除净损益以外所有者权益的其他变动，在持股比例不变的情况下，按照持股比例确认归属于本企业的应当调整长期股权投资的账面价值，并计入所有者权益。

（5）权益法下企业处置长期股权投资时，应将取得的价款与该投资账面价值之间的差额，计入投资收益；原计入资本公积和其他综合收益的金额，应结转至当期损益。

长期股权投资减值准备在提取以后，均不允许转回。

长期股权投资在持有期间，因各方面情况的变化，可能导致其核算需要由一种方法转换为另一种的方法。

投资企业对于被投资单位除净损益以外所有者权益的其他变动，应当调整长期股权投资的账面价值并计入当期损益。

复 习 思 考 题

1. 长期股权投资与金融资产之间有何联系与区别？

2. 长期股权投资的初始入账价值是怎样确定的？

3. 简述长期股权投资的成本法的概念和适用范围。

4. 简述长期股权投资的权益法的概念和适用范围。

5. 简述长期股权投资的成本法的会计处理方法要点。

6. 简述长期股权投资的权益法的会计处理方法要点。

自 测 题

一、单项选择题

1. 对子公司投资应该采取的核算方法是（　　）。
   A. 成本法　　　　　　　　B. 权益法
   C. 追溯调整法　　　　　　D. 追溯重述法

2. 企业对被投资单位不具有控制、共同控制或重大影响，且在活跃市场中没有报价、公允价值不能可靠计量的权益性投资，应作为（　　）。
   A. 可供出售金融资产　　　B. 持有至到期投资
   C. 长期股权投资　　　　　D. 交易性金融资产

3. 企业取得长期股权投资，实际支付的价款或对价中包含的已宣告但尚未发放的现金股利或利润，应计入（　　）。
   A. 长期股权投资　　　　　B. 应收股利
   C. 财务费用　　　　　　　D. 投资收益

4. 投资企业确认被投资企业发生的净亏损，在长期股权投资账面价值减至零后，如果存在其他实质上构成对被投资单位净投资的长期权益，应（　　）。
   A. 冲减长期应收款　　　　B. 计入营业外支出
   C. 冲减长期股权投资　　　D. 计入预计负债

5. 采用权益法核算时，不会引起投资企业长期股权投资账面价值发生增减变动的业务是（   ）。
   A. 被投资单位接受现金捐赠　　　　　B. 被投资单位宣告分派股票股利
   C. 被投资单位接受实物捐赠　　　　　D. 被投资单位宣告分派现金股利

6. 同一控制下的企业合并所取得的长期股权投资的初始投资成本等于（   ）。
   A. 投出资产的账面价值
   B. 取得被合并方所有者权益账面价值的份额
   C. 投出资产的公允价值
   D. 取得被合并方所有者权益公允价值的份额

7. 长期股权投资由权益法核算改为成本法核算时，其投资成本应按（   ）。
   A. 原长期股权投资的账面价值确定
   B. 长期股权投资的公允价值确定
   C. 被投资方所有者权益中应享有的份额确定
   D. 原长期股权投资账面余额确定

8. 下列长期股权投资事项发生时，不能确认当期损益的是（   ）。
   A. 收到的股票股利
   B. 处置投资时，收到的处置收入与原长期股权投资账面价值产生的差额
   C. 按权益法核算的投资方确认在被投资单位实现净利润中应享有的份额
   D. 按成本法核算的投资方分得的投资后实现的现金股利

9. 2017年2月1日，甲公司投资乙公司100万元，占乙公司总股权的10%，按成本法核算；2016年乙公司实现净利润120万元。2017年3月31日，乙公司分派2016年现金股利70万元。甲公司应确认投资收益（   ）万元。
   A. 7　　　　　　　　　　　　　　　　B. 14
   C. 9　　　　　　　　　　　　　　　　D. 10

10. 2017年3月31日，H公司以银行存款2 000万元及一项土地使用权取得其母公司控制的W公司80%的股权，并于当日起能够对W公司实施控制。合并日，该土地使用权的账面价值为2 200万元，公允价值为3 000万元；2017年3月31日，母公司合并报表中W公司净资产为6 250万元，W公司个别报表净资产的账面价值为6 000万元。H公司与W公司的会计年度和采用的会计政策相同，不考虑其他因素，H公司正确的会计处理是（   ）。
    A. 确认长期股权投资4 800万元，确认资本公积600万元
    B. 确认长期股权投资5 000万元，确认资本公积800万元
    C. 确认长期股权投资5 000万元，不确认资本公积
    D. 确认长期股权投资4 800万元，冲减资本公积200万元

11. 甲公司出资2 000万元，取得了乙公司80%的控股权，假如购买股权时乙公司的净资产账面价值为3 000万元，甲、乙公司合并前后不受同一方控制。则甲公司确认的长期股权投资初始投资成本为（   ）万元。
    A. 2 400　　　　　　　　　　　　　B. 3 000
    C. 1 600　　　　　　　　　　　　　D. 2 000

12. 甲公司2017年1月1日以1 500万元的价格购入乙公司30%的股份，另支付相关费

用 5 万元。购入时乙公司可辨认净资产的公允价值为 5 500 万元（假定乙公司各项可辨认资产、负债的公允价值与账面价值相等）。乙公司 2017 年实现净利润 300 万元。甲公司取得该项投资后对乙公司具有重大影响。假定不考虑其他因素，该投资对甲公司 2017 年度利润总额的影响为（　　）万元。

  A. 145   B. 280
  C. 235   D. 90

真题呈现

1. 因部分处置长期股权投资，企业将剩余长期股权投资的核算方法由成本法转变权益法时进行的下列会计处理中正确的有（　　）。(2014 年初会)
  A. 按照处置部分的比例结转应终止确认的长期股权投资成本
  B. 剩余股权按照处置投资当期期初至处置投资日应享有的被投资单位已实现净损益中的份额调整当期损益
  C. 剩余股权按照原取得投资时至处置投资当期期初应享有的被投资单位已实现净损益中的份额调整留存收益
  D. 将剩余股权的账面价值大于按照剩余持股比例计算原投资时应享有的投资单位可辨认净资产公允价值份额的差额，调整长期股权投资的账面价值

【答案】ABC
【解析】选项 D，不调整长期股权投资的账面价值。

2. 2014 年 1 月 1 日，甲公司以 1 800 万元自非关联方购入乙公司 100% 有表决权的股份，取得对乙公司的控制权，乙公司当日可辨认净资产的账面价值和公允价值均为 1 500 万元，2014 年度，乙公司以当年 1 月 1 日可辨认净资产公允价值为基础计算实现的净利润为 125 万元，未发生其他影响所有者权益变动的交易或事项。2015 年 1 月 1 日，甲公司以 2 000 万元转让上述股份的 80%，剩余股份的公允价值为 500 万元。转让后甲公司能够对乙公司施加重大影响。不考虑其他因素，甲公司因转让该股权计入 2015 年度合并财务报表中投资收益项目的金额为（　　）万元。(2015 年中会)
  A. 560   B. 575
  C. 700   D. 875

【答案】B
【解析】本题是处置子公司股权丧失控制权的情况下，关于合并报表中投资收益的计算。

2014 年 1 月 1 日合并时产生的商誉 = 1 800 – 1 500 × 100% = 300（万元）；

2015 年 1 月 1 日处置长期股权投资在合并报表中确认的投资收益 = (2 000 + 500) – [(1 500 + 125) × 100% + 300] = 575（万元）。

3. 2015 年 1 月 1 日，甲公司以银行存款 2 500 万元取得乙公司 20% 有表决权的股份，对乙公司具有重大影响，采用权益法核算；乙公司当日可辨认净资产的账面价值为 12 000 万元，各项可辨认资产、负债的公允价值与其账面价值均相同。乙公司 2015 年度实现的净

利润为1 000万元。不考虑其他因素，2015年12月31日，甲公司该项投资在资产负债表中应列示的年末余额为（　　）万元。(2016年中会)

  A. 2 500   B. 2 400
  C. 2 600   D. 2 700

【答案】D

【解析】2015年12月31日，甲公司该项投资在资产负债表中应列示的年末余额=2 500+1 000×20%=2 700（万元）。

4. 以非"一揽子交易"形成的非同一控制下的控股合并，购买日之前持有的被购买方的原股权在购买日的公允价值与其账面价值的差额，企业应在合并财务报表中确认为（　　）。(2016年中会)

  A. 管理费用   B. 资本公积
  C. 商誉   D. 投资收益

【答案】D

【解析】以非"一揽子交易"形成的非同一控制下的控股合并，合并报表中对于原股权按照公允价值重新计量，原股权公允价值和账面价值之间的差额计入投资收益，选项D正确。

5. 甲公司以每股6.5元的价格购入乙公司发行的股票1 000万股准备长期持有，占乙公司股份的25%，并对乙公司实施重大影响，采用权益法核算，另支付相关交易费用20万元（不考虑增值税），乙公司的可辨认净资产公允价值为28 000万元，甲公司取得该投资的入账价值为（　　）万元。(2017年初会)

  A. 7 000   B. 6 500
  C. 7 270   D. 6 520

【答案】A

6. 甲公司购买乙公司股票300万股，每股5元，另外支付税费4万元，占乙公司20%的股份，有重大影响，乙公司公允价值8 000万元，甲公司该股票的入账价值为（　　）万元。(2015年初会)

  A. 1 604   B. 1 500
  C. 1 600   D. 1 504

【答案】C

【解析】长期股权投资的初始投资成本=300×5=1 500（万元），按公允价值计算的份额=8 000×20%=1 600（万元），差额计入营业外收入。

二、多项选择题

1. 在非企业合并方式下取得长期股权投资，影响初始投资成本的有（　　）。
  A. 投资时支付款项中所含的已宣告而尚未领取的现金股利
  B. 投资时支付的不含应收股利的价款
  C. 投资时支付的税金、手续费
  D. 为取得长期股权投资而发生的评估、审计、咨询费

2. 在下列各项长期股权投资中，后续计量应采用权益法核算的有（　　）。

A. 投资单位持有的对子公司的投资
B. 投资单位持有的对被投资单位不具有控制、共同控制或重大影响，并且在活跃市场中没有报价、公允价值不能可靠计量的长期股权投资
C. 投资单位对被投资单位具有共同控制的长期股权投资
D. 投资单位对被投资单位能够施加重大影响的长期股权投资

3. 长期股权投资采用成本法核算情况下，下列情况中不影响长期股权投资账面价值发生变化的是（   ）。
A. 被投资企业当年发生净亏损
B. 持有期间被投资企业宣告分配现金股利
C. 被投资企业当年实现净利润
D. 被投资企业资本公积发生变动

4. 权益法下会导致长期股权投资账面价值发生增减变动的有（   ）。
A. 投资持有期间被投资单位实现净利润
B. 确认长期股权投资减值损失
C. 投资持有期间被投资单位宣告发放现金股利
D. 投资持有期间被投资单位提取盈余公积

5. 关于长期股权投资会计处理的表述，正确的有（   ）。
A. 成本法下，按被投资方宣告发放现金股利应享有的份额确认投资收益
B. 处置长期股权投资时应结转其已计提的减值准备
C. 对子公司长期股权投资应采用成本法核算
D. 成本法下，按被投资方实现净利润应享有的份额确认投资收益

6. 权益法下，不会引起投资企业资本公积增减变动的有（   ）。
A. 被投资企业接受现金捐赠   B. 被投资企业接受外币资本投资
C. 被投资企业产生的资本溢价   D. 被投资企业处置交易性金融资产

7. 下列各项中，应采用权益法核算的有（   ）。
A. 对子公司投资   B. 对合营企业投资
C. 对联营企业投资   D. 对子公司的追加投资

8. 处置长期股权投资时，会影响投资收益的有（   ）。
A. 长期股权投资减值准备   B. 取得的转让价款
C. 长期股权投资账面余额   D. 权益法下计入所有者权益的金额

9. 采用权益法核算的情况下，不会引起长期股权投资账面价值发生变动的有（   ）。
A. 被投资单位以资本公积转增资本
B. 计提长期股权投资减值准备
C. 收到被投资单位分派的股票股利
D. 被投资单位实现净利润

10. 下列各项中，投资企业不应确认为当期投资收益的有（   ）。
A. 采用权益法核算时收到被投资企业分配的现金股利
B. 采用成本法核算时被投资单位接受的非现金资产捐赠
C. 采用成本法核算时投资当年收到被投资单位分配的上年度现金股利

D. 收到包含在长期股权投资购买价款中的尚未领取的现金股利

真题呈现

1. 采用权益法核算长期股权投资时，下列各项中会导致投资企业的投资收益发生增减变动的有（　　）。（2017年中会）

A. 被投资单位提取盈余公积　　　B. 被投资单位实现净利润

C. 收到被投资单位分配的股票股利　D. 收到被投资单位分配的现金股利

【答案】B、D

2. 下列各项，影响权益法核算下长期股权投资账面价值的有（　　）。（2017年中会）

A. 收到被投资方的股票股利　　　B. 被投资方实现净利润

C. 被投资方确认其他综合收益　　D. 长期股权投资计提减值

【答案】B、C、D

3. 下列关于同一控制下企业合并形成的长期股权投资会计处理表述中正确的有（　　）。（2015年初会）

A. 合并方发生的评估咨询费用，应计入当期损益

B. 与发行债务工具作为合并对价直接相关的交易费用，应计入债务工具的初始确认金额

C. 与发行权益工具作为合并对价直接相关的交易费用，应计入当期损益

D. 合并成本与合并对价账面价值之间的差额，应计入其他综合收益

【答案】A、B

【解析】选项C，与发行权益工具作为合并对价直接相关的交易费用，应冲减资本公积，资本公积不足冲减的，调整留存收益；选项D，合并成本与合并对价账面价值之间的差额，应计入资本公积，资本公积不足冲减的，调整留存收益。

三、判断题

1. 投资企业对于被投资单位除净损益以外所有者权益的其他变动，应当调整长期股权投资的账面价值并计入所有者权益。（　　）

2. 同一控制下的企业合并，投资方投出资产的公允价值和账面价值的差额应确认当期损益。（　　）

3. 在权益法下，被投资企业宣告发放股票股利时，投资企业不做账务处理。（　　）

4. 采用权益法核算时，被投资单位持有交易性金融资产的期末公允价值变动不会引起长期股权投资账面价值发生变动。（　　）

5. 长期股权投资采用权益法核算，长期股权投资的初始投资成本小于投资时应享有被投资单位可辨认净资产公允价值份额的，其差额应当确认为当前损益，同时调整长期股权投资的初始投资成本。（　　）

6. 甲公司出资500万元取得乙公司40%的股权，合同约定乙公司董事会2/3的人员由甲公司委派，且其董事会能够控制被投资单位的经营决策和财务，则甲公司对该项长期股权

投资应采用权益法核算。   (   )

7. 长期股权投资期末应按历史成本计量,可计提减值准备。   (   )

8. 非同一控制下的企业合并,投资企业能够对被投资单位实施控制,当初始投资成本小于投资时应享有被投资单位可辨认净资产公允价值的份额时,应在个别报表中确认营业外收入。   (   )

9. 甲公司购入乙公司(非上市公司)的股份,买价 166 000 元,其中含有已宣告但尚未领取的现金股利 6 000 元。则甲公司取得长期股权投资的成本为 166 000 元。 (   )

10. 在采用权益法核算的情况下,投资企业应于被投资单位宣告分派现金股利或利润时,按持有表决权资本比例计算应分得的现金或利润,确认投资收益,并调整长期股权投资的账面价值。   (   )

真题呈现

1. 企业采用权益法核算长期股权投资的在确认投资收益时,不需考虑交易产生的未实现内部交易利润。(   )(2017 年中会)

【答案】错

【解析】权益法核算的长期股权投资,计算投资收益时应考虑未实现的内部交易损益的金额。

2. 对于采用权益法核算的长期股权投资,企业在持有意图由长期持有转为拟近期出售的情况下,即使该长期股权投资账面价值与其计税基础不同产生了暂时性差异也不应该确认相关的递延所得税影响。(   )(2017 年中会)

【答案】错

【解析】企业在持有意图由长期持有转为拟近期出售的情况下,暂时性差异将在可预见的未来转回,所以应该确认相关递延所得税影响。

四、实务题

实务题一

一、目的:练习长期股权投资成本法的核算。

二、资料:盛凯公司有关投资业务如下:

(1) 2014 年 11 月 2 日盛凯公司与甲公司签订协议,盛凯公司收购甲公司 55% 的股份,收购价款为 4 400 万元。2015 年 1 月 1 日办理完毕有关股权转让手续并支付价款 4 400 万元。2015 年 1 月 1 日甲公司可辨认净资产公允价值总额为 16 000 万元。盛凯公司对甲公司投资采用成本法核算。假定取得投资时甲公司各项资产公允价值等于账面价值,双方采用的会计政策、会计期间相同。

(2) 2015 年度末甲公司实现净利润 2 000 万元。

(3) 2016 年 4 月 25 日甲公司宣告分配 2015 年现金股利 1 200 万元。

(4) 2016 年度末甲公司可供出售金融资产公允价值变动而增加其他综合收益 160 万元。

(5) 2016 年度末甲公司发生净亏损 600 万元。

（6）2016 年度末对甲公司的长期股权投资的可收金额为 4 200 万元。

（7）2017 年 1 月 2 日，盛凯公司出售所持有的全部甲公司的股份，共取得价款 6 000 万元。

三、要求：根据以上经济业务编制盛凯公司对甲公司长期股权投资的相关会计分录。

实务题二

一、目的：练习长期股权投资成本法的核算。

二、资料：东方出租车股份有限公司有关投资业务如下：

(1) 2016年1月1日东方出租车股份有限公司，在其母公司统一协调下，将集团内另一家规模较小的贵溪出租汽车公司进行控股合并，收购贵溪公司全部股份。经审计后的贵溪公司账面净资产为1 800万元，东方公司支付2 100万元作为合并对价。上述合并已如期完成。合并日贵溪公司资产负债表如表6-1所示：

(2) 2016年贵溪公司实现净利润500万元。

(3) 2017年3月贵溪公司向投资者分配利润300万元。

表6-1　　　　　　　　　　　贵溪公司资产负债表（简表）　　　　　　　　　　　单位：元

资产	金额	负债和所有者权益	金额
货币资金	1 000 000	短期借款	23 000 000
交易性金融资产	2 000 000	应交税款	2 000 000
存货	1 500 000	实收资本	12 000 000
固定资产	40 500 000	盈余公积	3 000 000
		未分配利润	500 000
资产总计	45 000 000	负债和所有者权益总计	45 000 000

要求：对东方出租车股份有限公司控股合并形成的长期股权投资相关业务，编制贵溪公司会计分录。

实务题三

一、目的：练习长期股权投资权益法的核算。

二、资料：2017年1月1日，贵溪公司将一批库存商品转让给贵山公司，作为受让贵山公司持有的渝北公司25%的股权的对价，投资后贵溪公司对渝北公司的财务和经营决策具有重大影响。有关资料如下：

（1）贵溪公司为增值税一般纳税人，增值税税率17%，该批库存商品账面余额60万元，未计提跌价准备，其公允价值为700万元。

（2）贵溪公司为进行投资发生律师咨询费等2万元，已用银行存款支付。

（3）股权受让日渝北公司资产账面价值为3 620万元，负债账面价值为1 200万元，净资产账面价值为2 420万元。经确认的渝北公司可辨认资产的公允价值为4 000万元，负债公允价值为1 200万元，可辨认净资产公允价值为2 800万元。

要求：对贵溪公司上述长期股权投资业务编制相关会计分录（不考虑其他相关税费）。

实务题四

一、目的：练习长期股权投资权益法的核算。

二、资料：凯胜股份有限公司（以下简称凯胜公司）2016—2017年对德达股份有限公司（以下简称德达公司）投资业务的有关资料如下：

（1）2016年2月1日，凯胜公司以银行存款4 000万元购入德达公司股份，另支付相关税费20万元。凯胜公司持有的股份占德达公司有表决权股份的20%，对德达公司的财务和经营决策具有重大影响，并准备长期持有该股份。凯胜公司股权投资差额按5年的期限平均摊销。2016年2月1日，德达公司的股东权益总额为9 150万元，其中股本为5 000万元，资本公积为1 800万元，盈余公积为1 200万元，未分配利润为1 150万元。

（2）2016年4月1日，德达公司宣告分派2015年度的现金股利100万元。

（3）2016年5月10日，凯胜公司收到德达公司分派的2015年度现金股利。

（4）2016年10月5日，德达公司接受H公司捐赠的一项新的不需要安装的固定资产。德达公司从捐赠方取得有关该固定资产价值的增值税专用发票，该固定资产售价为200万元，增值税34万元。德达公司适用的所得税税率为25%。

（5）2016年度，德达公司实现净利润600万元。

（6）2017年4月20日，德达公司董事会决议2016年度的利润分配方案为：按净利润的10%提取法定盈余公积；分配现金股利300万元。

（7）2017年，德达公司发生净亏损700万元。

（8）2017年12月31日，由于德达公司当年发生亏损，凯胜公司对德达公司投资的预计可收回金额降至3 150万元。

三、要求：编制凯胜公司对德达公司长期股权投资的相关会计分录。

真题呈现

1. 根据下述资料，回答以下问题：（2015 年初会）

2013—2014 年甲公司发生的有关业务资料如下：

（1）2013 年 1 月 5 日，甲公司从上海证券交易所购买乙公司股票 2 000 万股准备长期持有，占乙公司股份的 25%，能够对乙公司施加重大影响。每股买入价为 9.8 元，另发生相关税费金额为 30 万元，款项已支付。当日乙公司可辨认净资产的账面价值为 80 000 万元（与公允价值一致）。

（2）2013 年，乙公司实现净利润 4 000 万元。

（3）2014 年 3 月 20 日，乙公司宣告发放现金股利每 10 股派 0.3 元，甲公司应分得现金股利 60 万元。2014 年 4 月 20 日，甲公司如数收到乙公司分派的现金股利。

（4）2014 年 3 月 31 日，乙公司可供出售金融资产的公允价值下降了 200 万元（未出现减值迹象）。

（5）2014 年 4 月 30 日，甲公司将持有的乙公司股份全部售出，每股售价为 12 元。

问题一：根据资料（1），下列各项中正确的是（   ）。

    A. 长期股权投资初始投资成本为 19 600 万元

    B. 长期股权投资初始投资成本为 19 630 万元

    C. 应计入营业外收入的金额为 370 万元

    D. 应计入营业外收入的金额为 410 万元

【答案】BC

【解析】购入长期股权投资时：

借：长期股权投资——成本	20 000（80 000×25%）	
贷：其他货币资金		19 630（2 000×9.8+30）
营业外收入		370

问题二：根据资料（2）、（3），下列分录中正确的是（   ）。

2013 年乙公司现实净利润：

  A. 借：长期股权投资——损益调整   1 000

        贷：投资收益   1 000

  B. 借：长期股权投资——成本   1 000

        贷：投资收益   1 000

2014 年 3 月 20 日宣告发放现金股利：

  C. 借：应收股利   60

        贷：长期股权投资——损益调整   60

  D. 2014 年 4 月 20 日，收到现金股利

    借：其他货币资金   60

        贷：应收股利   60

【答案】ACD

【解析】

(1) 2013年乙公司实现净利润：
借：长期股权投资——损益调整　　　　　　　　　　　1 000（4 000×250）
　　贷：投资收益　　　　　　　　　　　　　　　　　　　　　　　　　1 000
(2) 2014年3月20日，宣告发放现金股利：
借：应收股利　　　　　　　　　　　　　　　　　　　　60
　　贷：长期股权投资——损益调整　　　　　　　　　　　　　　　　　　60
(3) 2014年4月20日，收到现金股利：
借：其他货币资金　　　　　　　　　　　　　　　　　　60
　　贷：应收股利　　　　　　　　　　　　　　　　　　　　　　　　　　60
故选选项ACD。

问题三：根据资料（4），下列各项中，甲公司会计处理正确的是（　　）。
A. "长期股权投资——其他权益变动"账户贷方登记50万元
B. "长期股权投资——其他综合收益"账户借方登记50万元
C. "其他综合收益"账户借方登记50万元
D. "资本公积——其他资本公积"账户借方登记50万元

【答案】C
【解析】
被投资单位其他综合收益发生变动：
借：其他综合收益　　　　　　　　　　　　　　　　　　50
　　贷：长期股权投资——其他综合收益　　　　　　　　　　　　　　　　50

问题四：根据资料（1）~（4），2014年3月31日，甲公司长期股权投资的账面价值是（　　）万元。
　　A. 20 950　　　　　　　　　　　B. 21 000
　　C. 20 890　　　　　　　　　　　D. 20 000

【答案】C
【解析】2014年3月31日，甲公司长期股权投资的账面价值 = 20 000 + 1 000 - 110 = 20 890（万元），故选选项C。

问题五：根据资料（5），2014年4月30日，甲公司长期股权投资净收益是（　　）万元。
　　A. 24 000　　　　　　　　　　　B. 3 060
　　C. 2 580　　　　　　　　　　　　D. 460

【答案】B
【解析】2014年4月30日，甲公司长期股权投资出售取得价款 = 2 000×12 = 24 000（万元）；计入投资收益的金额 = 24 000 - 20 890 - 50 = 3 060（万元）。故选选项B。

2. 甲公司2013—2015年对乙公司股票投资的有关资料如下：（2015年中会）
资料一：2013年1月1日，甲公司定向发行每股面值为1元、公允价值为4.5元的普通股1 000万股作为对价，取得乙公司30%有表决权的股份。交易前，甲公司与乙公司不存在关联关系且不持有乙公司股份，交易后，甲公司能够对乙公司施加重大影响。取得投资日，乙公司可辨认净资产的账面价值为16 000万元，除行政管理用的固定资产外，其他各项资产、负债的公允价值分别与账面价值相同。该固定资产原价为500万元,原预计使用年限为5年,预计净残值为零,采用年限平均法计提折旧,已计提折旧100万元,当日,该固定资产公允价值为480万元,预计尚可使用4年,与原预计剩余年限相一致,预计净残值为零,继续采用原方法计提折旧。

资料二:2013年8月20日,乙公司将其成本为900万元的M商品以不含增值税的价格1 200万元出售给甲公司。至2013年12月31日,甲公司向非关联方累计售出该商品50%,剩余50%作为存货,未发生减值。

资料三:2013年度,乙公司实现的净利润为6 000万元,因可供出售金融资产公允价值变动增加其他综合收益200万元,未发生其他影响乙公司所有者权益变动的交易或事项。

资料四:2014年1月1日,甲公司将对乙公司股权投资的80%出售给非关联方,取得价款5 600万元,相关手续于当日完成,剩余股份当日公允价值为1 400万元,出售部分股权后,甲公司对乙公司不再具有重大影响,将剩余股权投资转为可供出售金融资产。

资料五:2014年6月30日甲公司持有乙公司股票的公允价值下跌至1 300万元,预计乙公司股价下跌是暂时性的。

资料六:2014年7月起,乙公司股票价格持续下跌,至2014年12月31日,甲公司持有乙公司股票的公允价值下跌至800万元,甲公司判断该股权投资已发生减值,并计提减值准备。

资料七:2015年1月8日,甲公司以780万元的价格在二级市场上售出所持乙公司的全部股票。

资料八:甲公司和乙公司所采用的会计政策、会计期间相同,假设不考虑增值税、所得税等其他因素。

要求:

(1)判断说明甲公司2013年度对乙公司长期股权投资应采用的核算办法,并编制甲公司取得乙公司股权投资的会计分录。

(2)计算甲公司2013年度应确认的投资收益和应享有乙公司其他综合收益变动的金额,并编制相关会计分录。

(3)计算甲公司2014年1月1日处置股份股权投资交易对公司营业利润的影响额,并编制相关会计分录。

(4)分别编制甲公司2014年6月30日和12月31日与持有乙公司股票相关的会计分录。

(5)编制甲公司2015年1月8日处置乙公司股票的相关会计分录。

("长期股权投资"、"可供出售金融资产"账户应写出必要的明细账户)

【答案】

(1)甲公司对乙公司的股权投资,应该采用权益法核算。因为甲公司与乙公司不存在关联关系,取得乙公司30%的股份,能够对乙公司施加重大影响。

借:长期股权投资——投资成本　　　　　　　　　　　　　　4 500
　　贷:股本　　　　　　　　　　　　　　　　　　　　　　　1 000
　　　　资本公积——股本溢价　　　　　　　　　　　　　　　3 500

取得投资时被投资单位可辨认净资产公允价值 = 16 000 + [480 - (500 - 100)] = 16 080

（万元）

甲公司取得投资日应享有被投资单位可辨认净资产公允价值的份额 = 16 080 × 30% = 4 824（万元），大于长期股权投资的初始投资成本，应当进行调整。

调增长期股权投资的金额 = 4 824 - 4 500 = 324（万元）

分录为：

借：长期股权投资——投资成本　　　　　　　　　　　　　　　324
　　贷：营业外收入　　　　　　　　　　　　　　　　　　　　　　324

（2）应确认的投资收益 = [6 000 - (480 ÷ 4 - 500 ÷ 5) - (1 200 - 900) × 50%] × 30% = 1 749（万元）

应确认的其他综合收益 = 200 × 30% = 60（万元）

分录为：

借：长期股权投资——损益调整　　　　　　　　　　　　　　　1 749
　　贷：投资收益　　　　　　　　　　　　　　　　　　　　　　1 749
借：长期股权投资——其他综合收益　　　　　　　　　　　　　　60
　　贷：其他综合收益　　　　　　　　　　　　　　　　　　　　　60

（3）处置长期股权投资的损益 = 5 600 + 1 400 - (4 500 + 324 + 1 749 + 60) + 60 = 427（万元）

处置分录：

借：银行存款　　　　　　　　　　　　　　　　　　　　　　　5 600
　　可供出售金融资产——成本　　　　　　　　　　　　　　　1 400
　　贷：长期股权投资——投资成本　　　　　　　　　　　　　4 824
　　　　　　　　　　——损益调整　　　　　　　　　　　　　1 749
　　　　　　　　　　——其他综合收益　　　　　　　　　　　　60
　　　　投资收益　　　　　　　　　　　　　　　　　　　　　　367
借：其他综合收益　　　　　　　　　　　　　　　　　　　　　　60
　　贷：投资收益　　　　　　　　　　　　　　　　　　　　　　　60

（4）6月30日：

借：其他综合收益　　　　　　　　　　　　　　　　　　　　　100
　　贷：可供出售金融资产——公允价值变动　　　　　　　　　　100

12月31日：

借：资产减值损失　　　　　　　　　　　　　　　　　　　　　600
　　贷：其他综合收益　　　　　　　　　　　　　　　　　　　　100
　　　　可供出售金融资产——减值准备　　　　　　　　　　　　500

（5）1月8日处置时：

借：银行存款　　　　　　　　　　　　　　　　　　　　　　　780
　　可供出售金融资产——公允价值变动　　　　　　　　　　　100
　　　　　　　　　　——减值准备　　　　　　　　　　　　　　500
　　投资收益　　　　　　　　　　　　　　　　　　　　　　　　20
　　贷：可供出售金融资产——成本　　　　　　　　　　　　　1 400

3. 2016 年，甲公司以定向增发股票方式取得了甲公司的控制权，但不构成反向购买。本次投资前，甲公司不持有乙公司的股份，且与乙公司不存在关联方关系。甲、乙公司的会计政策和会计期间相一致。相关资料如下：(2017 年中会第二批)

资料一：1 月 1 日，甲公司定向增发每股面值为 1 元、公允价值为 12 元的普通股股票 1 500 万股，取得乙公司 80% 有表决权的股份，能够对乙公司实施控制，相关手续已于当日办妥。

资料二：1 月 1 日，乙公司可辨认净资产的账面价值为 18 000 万元，其中，股本 5 000 万元，资本公积 3 000 万元，盈余公积 1 000 万元，未分配利润 9 000 万元。除销售中心业务大楼的公允价值高于账面价值 2 000 万元外，其余各项可辨认资产、负债的公允价值与账面价值均相同。

资料三：1 月 1 日，甲、乙公司均预计销售中心业务大楼尚可使用 10 年，预计净残值为 0，采用年限平均法计提折旧。

资料四：5 月 1 日，甲公司以赊销方式向乙公司销售一批成本为 600 万元的产品，销售价格为 800 万元。至当年年末，乙公司已将该批产品的 60% 出售给非关联方。

资料五：12 月 31 日，甲公司尚未收到乙公司所欠上述货款，对该应收账款计提了坏账准备 16 万元。

资料六：乙公司 2016 年度实现的净利润为 7 000 万元，计提盈余公积 700 万元，无其他利润分配事项。

假设不考虑增值税、所得税等相关税费及其他因素。

要求：

(1) 编制甲公司 2016 年 1 月 1 日取得乙公司 80% 股权的相关会计分录。

(2) 编制甲公司 2016 年 1 月 1 日合并工作底稿中对乙公司有关资产的相关调整分录。

(3) 分别计算甲公司 2016 年 1 月 1 日合并资产负债表中，商誉和少数股东权益的金额。

(4) 编制甲公司 2016 年 1 月 1 日与合并资产负债表相关的抵销分录。

(5) 编制甲公司 2016 年 12 月 31 日与合并资产负债表、合并利润表相关的调整和抵销分录。

【答案】

(1) 2016 年 1 月 1 日，甲公司会计分录如下：

借：长期股权投资　　　　　　　　　　　　　　　　　　　　　18 000
　　贷：股本　　　　　　　　　　　　　　　　　　　　　　　　1 500
　　　　资本公积——股本溢价　　　　　　　　　　　　　　　　16 500

(2)

借：固定资产　　　　　　　　　　　　　　　　　　　　　　　2 000
　　贷：资本公积　　　　　　　　　　　　　　　　　　　　　　2 000

(3)

商誉 = 18 000 − (18 000 + 2 000) × 80% = 2 000 (万元)

少数股东权益 = (18 000 + 2 000) × 20% = 4 000 (万元)

(4)

借：股本　　　　　　　　　　　　　　　　　　　　　　　　　5 000
　　资本公积　　　　　　　　　　　　　　　　　　　　　　　5 000

盈余公积	1 000
未分配利润	9 000
商誉	2 000
贷：长期股权投资	18 000
少数股东权益	4 000

（5）

借：固定资产	2 000
贷：资本公积	2 000
借：销售费用	200
贷：固定资产——累计折旧	200

调整后的乙公司净利润 = 7 000 − 200 = 6 800（万元），甲公司确认投资收益 = 6 800 × 80% = 5 440（万元）。

借：长期股权投资	5 440
贷：投资收益	5 440
借：股本	5 000
资本公积	5 000
盈余公积	1 700
期末未分配利润	15 100
商誉	2 000
贷：长期股权投资	23 440
少数股东权益	5 360
借：投资收益	5 440
少数股东损益	1 360
期初未分配利润	9 000
贷：期末未分配利润	15 100
提取盈余公积	7 000
借：营业收入	800
贷：营业成本	800
借：营业成本	80
贷：存货	80
借：应付账款	800
贷：应收账款	800
借：应收账款——坏账准备	16
贷：资产减值损失	16

第七章

固定资产的核算

知识点梳理

固定资产是企业为生产商品、提供劳务、出租或经营管理而持有，使用年限超过一个会计年度，而且价值较高的有形资产。

固定资产具有以下特征：为生产商品、提供劳务、出租或经营管理而持有；使用寿命超过一个会计年度；固定资产是有形资产。

企业固定资产按经济用途分类可分为生产经营用和非生产经营用固定资产两类；按使用情况分类可分为使用中、未使用、不需用固定资产三类；按产权归属分类可为自有和租入固定资产两类，其中租入固定资产又可分为经营性租入和融资性租入；按实物形态分类可分为房屋及建筑物、机器设备、电子设备、运输设备及其他设备五大类；按综合分类分为：生产经营用、非生产经营用、未使用、不需用、租出（经营性）、土地（过去已估价入账）和融资租入等七类固定资产。会计实务中企业一般对固定资产采用综合分类。

固定资产的管理基本方法：
（1）高度重视，健全机构，完善体制，明晰权责。
（2）建立健全固定资产管理的各项规章制度。
（3）加强会计核算和监督，确保账账、账实相符。
（4）重视资产抵押、出租和资产清理处置的管理。
（5）积极运用现代信息技术，提高固定资产管理效率。

企业对固定资产应当按照成本进行初始计量。对于特殊行业的特定固定资产，确定其初始入账成本时还应考虑弃置费用。

企业固定资产来源渠道不同，其具体成本的构成也不同。

固定资产折旧是指在固定资产的使用寿命内，采用确定的方法对应计折旧额进行的系统分摊。

影响固定资产折旧的因素有：固定资产原价；预计净残值；固定资产减值准备；固定资产的使用寿命。

企业应当对所有的固定资产计提折旧，但是，已提足折旧仍继续使用的固定资产和单独计价入账的土地除外。

在确定计提折旧的范围时还应注意：固定资产应当按月计提折旧，当月增加的固定资产，当月不计提折旧，从下月起计提折旧；当月减少的固定资产，当月仍计提折旧，从下月起停止计提折旧；固定资产提足折旧后，不论能否继续使用，或是否继续使用，均不再计提折旧，提前报废的固定资产也不再补提折旧；更新改造过程停止使用的固定资产，更新改造期间不计提折旧，更新改造项目达到预定可使用状态转为固定资产后，再按照重新确定的折旧方法和该项固定资产尚可使用年限计提折旧。大修理停用的和季节性停用的固定资产，停用期间应该照提折旧；已达到预定可使用状态但尚未办理竣工决算的固定资产，应当按照估计价值确定其成本，并计提折旧；待办理竣工决算后再按实际成本调整原来的暂估价值，但对于原已计提的折旧额不需要进行调整；融资租入的固定资产，应当采用与自有应计提折旧资产相一致的折旧政策。

企业可选用的固定资产折旧方法有年限平均法、工作量法、双倍余额递减法和年数总和法等。

年限平均法又称直线法，是指将固定资产的应计折旧额均衡地分摊到固定资产预计使用寿命内的一种方法。计算公式如下：

固定资产年折旧额 =（固定资产原值 – 预计净残值）÷ 预计使用年限

= 固定资产原值 ×（1 – 预计净残值率）÷ 预计使用年限

年折旧率 = "1 – 预计净残值率" ÷ 预计使用年限

（或：年折旧率 = 固定资产年折旧额 ÷ 固定资产原值 × 100%）

月折旧率 = 年折旧率 ÷ 12

其中：

预计净残值率 = 预计净残值 ÷ 固定资产原值 × 100%

月折旧额 = 固定资产原价 × 月折旧率

工作量法，是根据实际工作量计算每期应提折旧额的一种方法。其计算公式如下：

单位工作量折旧额 = 固定资产原值 ×（1 – 预计净残值率）÷ 预计总工作量

某项固定资产的月折旧额 = 该项固定资产当月工作量 × 单位工作量折旧额

双倍余额递减法，是指在不考虑固定资产预计净残值的情况下，根据每月月初固定资产原价减去累计折旧后的余额和双倍的直线法折旧率计算固定资产折旧的一种方法。计算公式如下：

年折旧率 = 2 ÷ 预计使用寿命（年）× 100%

年折旧额 = 固定资产账面净值 × 年折旧率

月折旧额 = 年折旧额 ÷ 12

年数总和法又称年限合计法，是将固定资产的原价减去预计净残值的余额，乘以一个逐年递减的分数来计算每年的折旧额。该递减分数的分子是固定资产尚可使用寿命，分母是预计使用寿命逐年数字之和。其计算公式如下：

年折旧率 = 尚可使用年限 ÷ 预计使用寿命的年数总和 × 100%

年折旧额 =（固定资产原价 – 预计净残值）× 年折旧率

月折旧额 = 年折旧额 ÷ 12

固定资产的后续支出，是指固定资产使用过程中发生的更新改造支出和修理费用等。

固定资产处置，主要包括固定资产的出售、转让、报废或毁损、对外投资、非货币性资产交换、债务重组等。

企业的固定资产在满足下列条件之一时，应当予以终止确认：

(1) 该固定资产处于处置状态。

(2) 该固定资产预期通过使用或处置不能产生经济利益。

同时满足下列条件的非流动资产应当划分为持有待售的非流动资产：①企业已经就处置该非流动资产作出决议；②企业已经与受让方签订了不可撤销的转让协议；③该项转让很可能在一年内完成。企业持有待售的非流动资产包括单项资产和处置组。

固定资产减值是指企业的固定资产发生损坏、技术陈旧或者其他经济原因，导致其可收回金额低于其账面价值。

固定资产减值的确认条件：

(1) 固定资产市价大幅度下跌，其跌幅大大高于因时间推移或正常使用而预计的下跌，并且预计在近期内不可能恢复。

(2) 企业所处经营环境，如技术、市场、经济或法律环境，或者产品营销市场在当期或在近期发生重大变化，并对企业产生负面影响。

(3) 同期市场利率等大幅度提高，进而很可能影响企业计算固定资产可收回金额的折现率，并导致固定资产可收回金额大幅度降低。

(4) 固定资产陈旧过时或发生实体损坏等。

(5) 固定资产预计使用方式发生重大不利变化，如企业计划终止或重组该资产所属的经营业务、提前处置资产等情形，从而对企业产生负面影响。

(6) 其他有可能表明资产已发生减值的情况。

复 习 思 考 题

1. 简述固定资产特征。

2. 固定资产有哪些分类方法，其意义何在？

3. 不同来源的固定资产如何确定其取得成本？

4. 固定资产折旧的方法有几种，怎样合理选择？

5. 简述固定资产加速折旧法的理由。

6. 影响固定资产折旧的因素有哪些？

7. 怎样界定固定资产后续支出资本化与费用化？

8. 简述固定资产处置核算的一般程序。

9. 固定资产的减值如何判断？

自 测 题

一、单项选择题

1. 甲公司采用自营方式建造厂房，下列支出不应计入固定资产成本的是（　　）。
   A. 生产车间为工程提供施工用水
   B. 工程领用生产产品用原材料
   C. 工程领用公司自产产品的公允价值
   D. 工程在达到预定可使用状态后发生的利息支出
2. 甲公司购入一台不需要安装的生产设备，取得的增值税专用发票上注明的设备价款为20万元，增值税3.4万元，支付保险费0.5万元（不含税），则固定资产成本为（　　）万元。

  A. 23.9　　　　　　　　　　B. 23.4
  C. 20　　　　　　　　　　　D. 20.5

3. 某项固定资产的原值为400 000元，预计净残值为4 000元，预计使用年限为5年，则在年数总和法下第二年的折旧额为（　　）元。

  A. 52 800　　　　　　　　　　B. 79 200
  C. 80 000　　　　　　　　　　D. 105 600

4. 甲公司对一条生产流水线进行技术改造。该生产线的原价为240万元，已提折旧为120万元。改造过程中发生支出30万元，被替换的部件原价值5万元。该生产线技术改造后的入账价值为（　　）万元。

  A. 145　　　　　　　　　　　B. 150
  C. 125　　　　　　　　　　　D. 265

5. 下列固定资产，不应当计提折旧的是（　　）。

  A. 企业临时出租给其他企业使用的固定资产
  B. 大修理期间停用的设备
  C. 融资租入的固定资产
  D. 经营租入的固定资产

6. 甲公司一台货运卡车原价为143万元，采用直线法计提折旧。预计使用10年，预计净残值3万元，已经使用5年。由于驾驶员操作不当，导致卡车毁损报废，保险公司赔偿32万元，则该卡车的报废净损失为（　　）万元。

  A. 43　　　　　　　　　　　　B. 53
  C. 41　　　　　　　　　　　　D. 50

7. 甲公司以120万元购入A、B、C三项没有单独标价的固定资产。这三项资产的公允价值分别为45万元、40万元和65万元。则A固定资产的入账价值为（　　）万元。

  A. 32　　　　　　　　　　　　B. 120
  C. 36　　　　　　　　　　　　D. 52

8. 甲公司购入一台需要安装的生产设备，设备买价为100万元，增值税额为17万元，支付保险费3万元，安装时支付有关人员薪酬7万元。该固定资产的成本为（　　）万元。

  A. 110　　　　　　　　　　　　B. 127
  C. 100　　　　　　　　　　　　D. 107

9. 甲公司购入一台不需要安装的货运汽车，买价为80万元，增值税额为13.6万元，支付运输费1.5万元，则该固定资产的成本为（　　）万元。

  A. 80　　　　　　　　　　　　B. 93.6
  C. 81.5　　　　　　　　　　　D. 95.1

10. 甲公司2017年9月20日自行建造的一条生产线投入使用，该生产线建造成本为755万元，预计使用年限为5年，预计净残值为5万元。在采用年限平均法计提折旧的情况下，2017年该流水线应计提的折旧额为（　　）万元。

  A. 37.5　　　　　　　　　　　B. 150

C. 12.5 D. 50

真题呈现

1. 2013年12月31日，甲公司某项固定资产计提减值准备前的账面价值为1 000万元，公允价值为980万元，预计处置费用为80万元，预计未来现金流量的现值为1 050万元。2013年12月31日，甲公司应对该项固定资产计提的减值准备为（　　）万元。(2014年中会)

   A. 0 B. 20
   C. 50 D. 100

【答案】A

【解析】该固定资产公允价值减去处置费用后的净额=980-80=900（万元），未来现金流量现值为1 050万元，可收回金额为两者中较高者，所以可收回金额为1 050万元，大于账面价值1 000万元，表明该固定资产未发生减值，不需计提减值准备。

2. 甲公司一台用于生产M产品的设备预计使用年限为5年，预计净残值为零。假定M产品各年产量基本均衡。下列折旧方法中，能够使该设备第一年计提折旧金额最多的是（　　）。

   A. 工作量法 B. 年限平均法
   C. 年数总和法 D. 双倍余额递减法

【答案】D

【解析】由于各年产量基本均衡，所以工作量法和年限平均法下年折旧率相同，为20%；年数总和法第一年的折旧率=5÷15×100%=33.33%；双倍余额递减法第一年折旧率为40%，所以选项D正确。

3. 某公司处置一台旧设备，取得价款100万元，发生清理费用5万元，支付相关税费5万元。该设备原值为200万元，已提折旧60万元。假定不考虑其他因素，处置该设备影响当期损益的金额为（　　）万元。(2015年初会)

   A. -40 B. -45
   C. -50 D. 50

【答案】B

4. 某企业一台机床由于技术更新等原因决定提前报废。该机床原价150万元，已计提折旧90万元，已计提减值准备40万元，残值变价收入为10万元。假定不考虑其他因素，该企业提前报废机床的相关的会计处理结果不正确的是（　　）。

   A. "固定资产"账户贷方登记150万元
   B. "累计折旧"账户借方登记90万元
   C. "固定资产减值准备"账户借方登记40万元
   D. "营业外支出——非流动资产处置损失"账户借方登记20万元

【答案】D

5. 2012年12月31日甲公司购入一台设备，入账价值为100万元，预计使用年限为5

年，预计净残值 4 万元，采用双倍余额递减法计算折旧，则该设备 2014 年应计提的折旧额为（　　）。(2015 年初会)

A. 25.6　　　　　　　　　B. 19.2
C. 40　　　　　　　　　　D. 24

【答案】D

【解析】2013 年折旧额 = 100×2÷5 = 40（万元），2014 年折旧额 = (100-40)×2÷5 = 24（万元）。

6. 甲公司系增值税一般纳税人，购入一套需安装的生产设备，取得的增值税专用发票上注明的价款为 300 万元，增值税税额为 51 万元，自行安装耗用材料 20 万元，发生安装人工费 5 万元。不考虑其他因素，该生产设备安装完毕达到预定可使用状态转入固定资产的入账价值为（　　）万元。(2016 年中会)

A. 320　　　　　　　　　B. 325
C. 351　　　　　　　　　D. 376

【答案】B

【解析】该固定资产的入账价值 = 300+20+5 = 325（万元）。增值税税额可以抵扣，不计入固定资产成本。

二、多项选择题

1. 关于固定资产，下列说法中正确的有（　　）。
   A. 固定资产盘亏造成的净损失，应当计入当期损益
   B. 与固定资产有关的后续支出，不符合准则规定的固定资产确认条件的，应当计入固定资产成本
   C. 通过非货币性资产交换取得的固定资产成本，按换出资产的账面价值入账
   D. 固定资产后续支出计入固定资产成本的，应当终止确认被替换部分的账面价值

2. 影响固定资产折旧的因素包括（　　）。
   A. 固定资产原价　　　　　B. 预计净残值
   C. 固定资产减值准备　　　D. 固定资产的使用寿命

3. 下列固定资产中，不应计提折旧的固定资产的有（　　）。
   A. 已提足折旧继续使用的固定资产
   B. 经营租赁方式租入的固定资产
   C. 正在改、扩建而停止使用的固定资产
   D. 单独估价作价入账的土地

4. 应计提折旧的固定资产包括（　　）。
   A. 季节性停用的固定资产　　　B. 大修理停用的固定资产
   C. 上月增加的固定资产　　　　D. 当月减少的固定资产

5. 下列表述不正确的有（　　）。
   A. 管理部门使用的固定资产，其计提的折旧应计入管理费用
   B. 销售部门使用的固定资产，其计提的折旧应计入销售费用
   C. 经营租出的固定资产，其计提的折旧应计入其他业务成本

D. 建造固定资产过程中使用的固定资产（假设只用于建造固定资产），其计提的折旧应计入管理费用

6. 下列各项中，影响固定资产清理净收益的因素应包括（　　）。
   A. 转让不动产应缴纳的增值税　　B. 出售固定资产的价款
   C. 报废固定资产的原价　　D. 损毁固定资产取得的赔款

7. 以下表述正确的有（　　）。
   A. 自行建造的固定资产应自办理竣工决算后开始计提折旧
   B. 因固定资产改良而停用的生产设备不计提折旧
   C. 季节性停用的固定资产应停止计提折旧
   D. 经营租入的固定资产不需要计提折旧

真题呈现

1. 下列各项中，属于固定资产减值迹象的有（　　）。（2014年中会）
   A. 固定资产将被闲置
   B. 计划提前处置固定资产
   C. 有证据表明资产已经陈旧过时
   D. 企业经营所处的经济环境在当期发生重大变化且对企业产生不利影响

   【答案】ABCD
   【解析】以上选项均属于固定资产减值的迹象。

2. 下列关于固定资产会计处理的表述中，正确的有（　　）。（2014年中会）
   A. 已转为持有待售的固定资产不应计提折旧
   B. 至少每年年度终了对固定资产折旧方法进行复核
   C. 至少每年年度终了对固定资产使用寿命进行复核
   D. 至少每年年度终了对固定资产预计净残值进行复核

   【答案】ABCD
   【解析】以上选项均正确。

3. 2015年7月10日，甲公司以其拥有的一辆作为固定资产核算的轿车换入乙公司一项非专利技术，并支付补价5万元，当日甲公司该轿车原价为80万元，累计折旧为16万元，公允价值为60万元，乙公司该项非专利技术的公允价值为65万元，该项交换具有商业实质，不考虑相关税费及其他因素，甲公司进行的下列会计处理中，正确的有（　　）。（2015年中会）

   A. 按5万元确定营业外支出
   B. 按65万元确定换入非专利技术的成本
   C. 按4万元确定处置非流动资产损失
   D. 按1万元确定处置非流动资产利得

   【答案】BC
   【解析】以公允价值计量的非货币性资产交换，甲公司换出固定资产的处置损失＝换出

资产的公允价值 – 换出资产的账面价值 =（80 – 16）– 60 = 4（万元），选项 C 正确，选项 A 和 D 错误；甲公司换入非专利技术的成本为该非专利技术的公允价值 65 万元，选项 B 正确。

三、判断题

1. 固定资产的各组成部分具有不同使用寿命或者以不同方式为企业提供经济利益的，应当将各组成部分合并确认为一项固定资产。（　　）
2. 企业不应对所有使用中的固定资产计提折旧。（　　）
3. 与固定资产有关的更新改造等后续支出，符合固定资产确认条件的，应当计入固定资产成本，同时将被替换部分的账面价值扣除。（　　）
4. 固定资产的修理费用应当直接计入当期制造费用。（　　）
5. 对于计提的固定资产减值准备，在以后期间价值恢复时，也不能转回原已计提的减值准备。（　　）
6. 按双倍余额递减法计提的折旧额在任何时期都大于按平均年限法计提的折旧额。（　　）
7. 对于季节性停用的固定资产照提折旧。（　　）
8. 某企业的一辆运货卡车的原价为 600 000 元，预计总行驶里程为 500 000 公里，预计报废时的净残值率为 5%，本月行驶 4 000 公里，本月折旧额为 5 460 元。（　　）

真题呈现

1. 按暂估价值入账的固定资产在办理竣工结算后，企业应当根据暂估价值与竣工结算价值的差额调整原已计提的折旧金额。（　　）（2014 年初会）

【答案】错

【解析】按暂估价值入账的固定资产在办理竣工决算后，应当按照暂估价值与竣工决算价值的差额调整入账价值，但是不需要调整已经计提的折旧金额。

2. 达到预定可使用状态前固定资产不予以资本化的利息支出应计入财务费用。（　　）（2015 年初会）

【答案】对

3. 企业当月新增加的固定资产，当月增加的固定资产当月不计提折旧，下月开始计提折旧，当月减少的固定资产当月仍计提折旧。（　　）（2016 年初会）

【答案】对

四、实务题

实务题一

一、目的：练习固定资产取得的账务处理。

二、资料：甲公司为一般纳税人企业，适用增值税税率为 17%，2017 年发生有关固定资产经济业务如下：

（1）购入一台不需要安装的管理用设备买价 200 万元，增值税税率为 17%，另支付运输费、装卸费用等采购费用 6 万元，增值税税率为 11%。公司开出一张为期 60 天的票面金额 200 万元的商业承兑汇票，同时以银行存款支付增值税和运输费、装卸费用，设备已交付使用。

（2）购入一台需要安装的设备，买价为 100 万元，增值税 17 万元，另支付运费 3 万元，增值税税率为 11%；安装设备时领用生产产品用材料 2 万元；支付安装公司安装费 6 万元，增值税税率为 11%。设备安装完成投入使用，款以银行存款支付。

（3）接受 H 公司投资投入的一台旧设备，该设备原价为 150 万元，已提折旧为 30 万元，投资双方合同确认的公允价值为 100 万元，设备已交付使用。甲公司根据投资协议给予 H 公司面值为 1 元的甲公司股权 20 万股。

（4）G 公司前欠甲公司货款 100 万元，甲公司已经计提坏账准备 30 万元，经双方协商，现 G 公司以一原价为 120 万元、已累计折旧 10 万元、目前公允价值 80 万元的设备抵付所欠甲公司账款。设备已收到并交付使用。

三、要求：根据上述经济业务编制甲公司有关会计分录。

实务题二

一、目的：练习自行建造固定资产的账务处理。

二、资料：甲公司2017年5月以出包方式开始建造一栋成品仓库，合同承包价240万元，增值税率11%。合同规定工程由施工企业先全额垫支，待工程完工达到预定可使用状态时支付工程款的95%和全部税款，余下5%工程款为质保金，两年以后支付。2017年10月该工程交付使用，收到施工企业开来的工程款增值税专用发票，价款240万元，税款26.4万元，当即以银行存款支付。公司对该仓库采用年限平均法计提折旧，预计使用年限为30年，预计净残值为2万元。

三、要求：

（1）计算工程完工交付使用时固定资产的入账价值。

（2）计算该仓库在2017年应计提的折旧额。

（3）编制有关会计分录。

实务题三

一、目的:练习固定资产处置的账务处理。

二、资料:甲公司 2010 年 12 月购入并投入生产使用的设备总成本 40 万元,预计净残值率为 2%,使用期限为 10 年,该设备采用年限平均法提取折旧。2015 年 12 月 31 日,预计该设备的可收回金额为 20 万元,预计剩余使用期限为 5 年,继续使用 2 年后提前报废,处置残值取得现金 0.585 万元(含 17% 的增值税销项税)。

三、要求:编制计提折旧、减值和处置的会计分录。

实务题四

一、目的：练习固定资产折旧的计提。

二、资料：甲公司 2016 年 12 月 20 日购入一套生产设备，直接投入使用。总价为 200 万元，预计净残值率为 2%，预计使用年限为 5 年。

三、要求：

分别按年限总和法、双倍余额递减法列示计算每个会计年度应计提的折旧额。

实务题五

一、目的：练习固定资产折旧的计提。

二、资料：甲公司 2017 年 5 月初固定资产总值如下：机器设备类 2 100 万元，运输设备类 860 万元，房屋建筑类 1 500 万元。5 月份固定资产增加如下：购进机器设备一台，安装完毕交付生产使用，购入原价 80 万元，发生安装费用 2 万元；购进新运输卡车一台，价值 120 万元，已交付使用。5 月份固定资产减少如下：出售一台不适用的运输旧卡车，账面价值 60 万元，已提折旧 30 万元，售价 10 万元（含税）。

甲公司机器设备类固定资产的年折旧率为 12%，运输设备类固定资产的年折旧率为 8%，房屋建筑类固定资产的年折旧率为 6%。

三、要求：根据上列资料计算甲公司 6 月份应计提的折旧额。

实务题六

一、目的：练习固定资产改扩建的账务处理。

二、资料：甲公司于 2017 年 7 月 5 日对一条生产线进行改扩建。改、扩建前该生产线账面原值为 300 万元，已提折旧 180 万元，已计提固定资产减值准备 20 万元。在改、扩建过程中，以银行存款支付拆除费用 60 万元，残料变价收入 1.5 万元，价款存入银行。另外，领用工程物资 30 万元，领用生产原材料 15 万元，应付改、扩建工程人员工资 14 万元。该生产线于 2017 年 11 月 20 日完工交付使用。该公司对改、扩建后的生产线采用年限法平均计提折旧，预计尚可使用 5 年，预计净残值为 30 000 元。

三、要求：

（1）编制上述与固定资产改、扩建有关的会计分录。

（2）计算改、扩建后的固定资产每年应计提的折旧额。

真题呈现

甲公司系增值税一般纳税人，适用的增值税税率为17%，所得税税率为25%，预计未来期间能够取得足够的应纳税所得额用以抵减可抵扣暂时性差异。相关资料如下：（2017年中会）

资料一：2012年12月10日，甲公司以银行存款购入一台需自行安装的生产设备，取得的增值税专用发票上注明的价款为495万元，增值税税额为84.15万元，甲公司当日进行设备安装，安装过程中发生安装人员薪酬5万元，2012年12月31日安装完毕并达到预定可使用状态交付使用。设备在其预计使用寿命内年允许税前扣除的金额为48万元。该设备取得时的成本与计税基础一致。

资料二：2015年12月31日，该设备出现减值迹象，经减值测试，其可收回金额为250万元。甲公司对该设备计提减值准备后，预计该设备尚可使用5年，预计净残值为10万元，仍采用双倍余额递减法计提折旧。所得税纳税申报时，该设备在其预计使用寿命内每年允许税前扣除的金额仍为48万元。

资料三：2016年12月31日，甲公司出售该设备，开具的增值税专用发票上注明的价款为100万元，增值税税额为17万元，款项当日收讫并存入银行，甲公司另外以银行存款支付清理费用1万元（不考虑增值税）。

假定不考虑其他因素。

要求：

（1）计算甲公司2012年12月31日该设备安装完毕并达到预定可使用状态的成本，并编制设备购入、安装及达到预定可使用状态的相关会计分录。

（2）分别计算甲公司2013年和2014年对该设备应计提的折旧额。

（3）分别计算甲公司2014年12月31日该设备的账面价值、计税基础、暂时性差异（需指出是应纳税暂时性差异还是可抵扣暂时差异），以及相应的递延所得税负债或递延所得税资产的账面余额。

（4）计算甲公司2015年12月31日对该设备应计提的减值准备金额，并编制相关会计分录。

（5）计算甲公司2016年对该设备应计提的折旧额。

（6）编制甲公司2016年12月31日出售该设备的相关会计分录。

【答案】

（1）2012年12月31日，甲公司该设备安装完毕并达到预定可使用状态的成本 = 495 + 5 = 500（万元）。

借：在建工程	495
应交税费——应交增值税（进项税额）	84.15
贷：银行存款	579.15
借：在建工程	5
贷：应付职工薪酬	5
借：固定资产	500

贷：在建工程　　　　　　　　　　　　　　　　　　　　　　　　　　500
（2）2013年该设备应计提的折旧额＝500×2÷10＝100（万元）。
2014年该设备应计提的折旧＝(500－100)×2÷10＝80（万元）。
（3）2014年末设备的账面价值＝500－100－80＝320（万元）。
计税基础：500－48－48＝404（万元），因此账面价值小于计税基础，产生可抵扣暂时性差异：404－320＝84（万元），形成递延所得税资产余额＝84×25%＝21（万元）。
（4）2015年12月31日，甲公司该设备的账面价值：500－100－80－(500－100－80)×2÷10＝256(万元)，可收回金额为250万元，应计提减值准备：256－250＝6（万元）。
　　借：资产减值损失　　　　　　　　　　　　　　　　　　　　　　　　6
　　　　贷：固定资产减值准备　　　　　　　　　　　　　　　　　　　　　6
（5）2016年该设备计提的折旧额：250×2÷5＝100（万元）。
（6）会计分录如下：
　　借：固定资产清理　　　　　　　　　　　　　　　　　　　　　　　150
　　　　累计折旧　　　　　　　　　　　　　　　　　　　　　　　　　344
　　　　固定资产减值准备　　　　　　　　　　　　　　　　　　　　　　6
　　　　贷：固定资产　　　　　　　　　　　　　　　　　　　　　　　　500
　　借：固定资产清理　　　　　　　　　　　　　　　　　　　　　　　　1
　　　　贷：银行存款　　　　　　　　　　　　　　　　　　　　　　　　　1
　　借：银行存款　　　　　　　　　　　　　　　　　　　　　　　　　117
　　　　营业外支出　　　　　　　　　　　　　　　　　　　　　　　　　51
　　　　贷：固定资产清理　　　　　　　　　　　　　　　　　　　　　　151
　　　　　　应交税费——应交增值税（销项税额）　　　　　　　　　　　17

第八章

投资性房地产的核算

知识点梳理

投资性房地产是指为赚取租金或资本增值,或者两者兼有而持有的房地产,主要包括:已出租的建筑物、已出租的土地使用权、持有并准备增值后转让的土地使用权。自用房地产和作为存货的房地产不属于投资性房地产的范围。

投资性房地产的确认:

投资性房地产在符合定义,并同时满足下列条件的,才能予以确认:

(1) 与该投资性房地产有关的经济利益很可能流入企业。

(2) 该投资性房地产的成本能够可靠地计量。

投资性房地产成本的计量:

投资性房地产的初始取得成本应根据以下不同取得方式分别确定:

外购投资性房地产的成本包括购买价款、相关税费和可直接归属于该资产的其他支出。

企业自行建造的房地产确认成本应当包括达到预定可使用状态前发生的所有必要支出,包括建筑成本、安装成本、符合资本化条件的借款费用、土地开发费用、分摊的间接费用以及支付的其他相关费用等。

此外,以其他方式取得的投资性房地产的成本,按照相关《企业会计准则》的规定确定。

投资性房地产的后续计量模式:

分为成本模式和公允价值模式两种计量模式。企业通常应当采用成本模式计量,满足特定条件时可以采用公允价值模式计量。但是,同一企业只能采用一种模式对所有投资性房地产进行后续计量,不得同时采用两种计量模式。

投资性房地产后续计量模式的变更的原则:

(1) 企业对投资性房地产的计量模式一经确定,不得随意变更。

(2) 只有在房地产市场比较成熟、能够满足采用公允价值模式条件的情况下,才允许企业对投资性房地产从成本模式计量变更为公允价值模式计量。

(3) 已采用公允价值模式计量的投资性房地产,不得从公允价值模式转为成本模式。

成本模式转为公允价值模式的应当作为会计政策变更处理,将计量模式变更时公允价值与账面价值的差额,调整期初留存收益(盈余公积、未分配利润)。

投资性房地产与其他资产之间的转换: 企业有确凿证据表明房地产用途发生改变,满足下列条件之一的，应当将投资性房地产转换为其他资产或者将其他资产转换为投资性房地产：

（1）投资性房地产开始自用。
（2）作为存货的房地产，改为出租。
（3）自用土地使用权停止自用，用于赚取租金或资本增值。
（4）自用建筑物停止自用，改为出租。
（5）投资性房地产转换为存货。

成本模式下的转换：

企业将投资性房地产转为自用房地产时，应按其在转换日的账面余额、累计折旧、减值准备等，分别转入"固定资产"、"累计折旧"、"固定资产减值准备"账户或"无形资产"、"累计摊销"、"无形资产减值准备"账户。

房地产企业将投资性房地产转换为存货时，应当按照该项投资性房地产在转换日的账面价值，借记"开发产品"等账户，按照已计提的折旧或摊销，借记"投资性房地产累计折旧（摊销）"账户，原已计提减值准备的，借记"投资性房地产减值准备"账户，按其账面余额，贷记"投资性房地产"账户。

企业将自用房地产转换为投资性房地产的，应按其在转换日的原价、累计折旧、减值准备等，分别转入"投资性房地产"、"投资性房地产累计折旧（摊销）"、"投资性房地产减值准备"等账户。按房地产的账面余额，借记"投资性房地产"账户，贷记"固定资产"账户或"无形资产"账户；按已计提的折旧或摊销，借记"累计折旧"账户或"累计摊销"账户，贷记"投资性房地产累计折旧（摊销）"账户；原已计提减值准备的，按已计提的减值准备，借记"固定资产减值准备"账户；或"无形资产减值准备"账户，贷记"投资性房地产减值准备"账户。

房地产企业将作为存货的房地产转换为投资性房地产的，应按其在转换日的账面余额，借记"投资性房地产"账户，贷记"开发产品"等账户。已计提跌价准备的，还应同时结转跌价准备。

公允价值模式下的转换：

企业将投资性房地产转为自用房地产时，应按在转换日的公允价值，借记"固定资产"等账户，按其账面余额，贷记"投资性房地产——成本"、"公允价值变动"账户，按其差额，贷记或借记"公允价值变动损益"账户。

房地产企业将投资性房地产转换为存货时，应按在转换日的公允价值，借记"开发产品"等账户，按该项投资性房地产的成本，贷记"投资性房地产——成本"账户，按该项投资性房地产的累计公允价值变动，贷记或借记"投资性房地产——公允价值变动"账户，按其差额，贷记或借记"公允价值变动损益"账户。

将自用房地产转换为采用公允价值模式计量的投资性房地产时，按该项土地使用权或建筑物在转换日的公允价值，借记"投资性房地产——成本"账户，按已计提的累计折旧等，借记"累计折旧"或"累计摊销"账户，按账面余额，贷记"固定资产"或"无形资产"账户，按其差额，贷记"其他综合收益"账户；或借记"公允价值变动损益"账户。已计提减值准备的，还应同时结转减值准备。

将作为存货的房产转换为采用公允价值模式计量的投资性房地产时，应按该项房产在转换日的公允价值，借记"投资性房地产——成本"账户，按其账面余额，贷记"开发产品"等账户，按其差额，贷记"其他综合收益"账户或借记"公允价值变动损益"账户。已计提跌价准备的，还应同时结转减值准备。

采用成本模式计量的投资性房地产处置的核算

处置投资性房地产时，应按实际收到的金额，借记"银行存款"等账户，贷记"其他业务收入"账户。按该项投资性房地产的累计折旧或累计摊销，借记"投资性房地产累计折旧（摊销）"账户，按该项投资性房地产的账面余额，贷记"投资性房地产"账户，按其差额，借记"其他业务成本"账户。已计提减值准备的，还应同时结转减值准备。

采用公允价值模式计量的投资性房地产处置的核算

处置投资性房地产时，应按实际收到的金额，借记"银行存款"等账户，贷记"其他业务收入"账户。按该项投资性房地产的账面余额，借记"其他业务成本"账户，按其成本，贷记"投资性房地产——成本"账户，按其累计公允价值变动，贷记或借记"投资性房地产——公允价值变动"账户。同时，按该项投资性房地产的公允价值变动，借记或贷记"公允价值变动损益"账户，贷记或借记"其他业务收入"账户。按该项投资性房地产在转换日计入其他综合收益的金额，借记"其他综合收益"账户，贷记"其他业务收入"账户。

复习思考题

1. 何为投资性房地产？投资性房地产包括哪些内容？

2. 投资性房地产管理的主要风险点有哪些？可以采取哪些控制措施？

3. 外购和自行建造的投资性房地产的入账成本如何确定?

4. 成本模式和公允价值模式有何区别?

5. 对投资性房地产后续计量模式进行变更应遵循哪些原则?

6. 将投资性房地产转换为其他资产或者将其他资产转换为投资性房地产的条件有哪些?

自 测 题

一、单项选择题

1. 下列关于投资性房地产的说法中,不正确的是（   ）。
   A. 投资性房地产是一种投资活动
   B. 投资性房地产实质上属于一种让渡资产使用权行为
   C. 投资性房地产在用途、状态、目的等方面区别于作为生产经营场所的房地产和用于销售的房地产
   D. 同一企业只能采用一种模式对投资性房地产进行后续计量

2. 下列各项资产中不属于投资性房地产的是（   ）。
   A. 用于赚取租金的房地产
   B. 持有并准备增值后转让的土地使用权
   C. 赚取租金和资本增值两者兼有而持有的房地产
   D. 为经营管理而持有的房地产

3. 甲公司以1 400万元取得土地使用权并自建完全相同的三栋厂房,其中一栋作为投资性房地产用于经营租赁,三栋厂房工程已经完工,全部成本合计6 000万元,完工当日土地使用权账面价值为1 200万元,假定不考虑其他因素,租赁期开始日该投资性房地产的初始成本是（   ）万元。
   A. 3 600 B. 7 200
   C. 2 400 D. 2 000

4. 2017年1月1日,A公司与甲公司签订一项租赁合同,将当日购入的一幢写字楼出租给乙公司,租赁期自2017年1月1日开始,共三年。该写字楼购买价格为1 200万元,外购时发生直接费用50万元,为取得该写字楼所有权另支付了契税36万元,以上款项均以银行存款支付完毕。不考虑其他因素,则该项投资性房地产的入账价值为（   ）万元。
   A. 1 200 B. 1 250
   C. 1 286 D. 1 236

5. 甲房地产公司于2×17年1月1日将一幢商品房对外出租并采用公允价值模式进行后续计量,租期为3年,每年12月31日收取租金100万元。出租时,该幢商品房的成本为2 200万元,未计提存货跌价准备,公允价值为2 000万元。2×17年12月31日,该幢商品房的公允价值为2 150万元。甲房地产公司2×17年应确认的公允价值变动损益为（   ）万元。
   A. -50 B. 150
   C. 100 D. -100

6. 企业采用公允价值模式对投资性房地产进行后续计量的,资产负债表日应将投资性房地产公允价值与其账面价值的差额计入（   ）。
   A. 其他综合收益 B. 公允价值变动损益

C. 资本公积　　　　　　　　　D. 资产减值损失

7. 2016年3月，甲公司与乙公司的一项写字楼经营租赁合同即将到期，该写字楼按照成本模式进行后续计量，为了提高写字楼的租金收入，甲公司决定在租赁期满后对写字楼进行改扩建，并与丙公司签订了经营租赁合同，约定自改扩建完工时将写字楼出租给丙公司。3月31日，与乙公司的租赁合同到期，写字楼随即进入改扩建工程，原价为10 000万元，已计提折旧2 000万元。12月15日，写字楼改扩建工程完工，共发生支出3 000万元，即日按照租赁合同出租给丙公司。改扩建支出属于资本化的后续支出。甲公司改扩建完工后的投资性房地产入账价值为（　　）万元。

A. 11 000　　　　　　　　　B. 13 000
C. 3 000　　　　　　　　　　D. 10 000

8. 投资性房地产的后续计量从成本模式转为公允价值模式的，转换日投资性房地产的公允价值高于其账面价值的差额会对下列财务报表项目产生影响的是（　　）。

A. 资本公积　　　　　　　　B. 营业外收入
C. 未分配利润　　　　　　　D. 投资收益

9. 甲公司对投资性房地产采用成本模式进行后续计量。自2×16年1月1日起，甲公司将一项投资性房地产出租给某单位，租期为4年，每年收取租金650万元，增值税71.5万元。该投资性房地产原价为12 000万元，预计使用年限为40年，预计净残值为零；至2×16年1月1日已使用10年，累计折旧3 000万元。2×16年12月31日，甲公司在对该投资性房地产进行减值测试时，发现该投资性房地产的可收回金额为8 800万元。假定不考虑其他相关税费，该投资性房地产对甲公司2×16年利润总额的影响金额为（　　）万元。

A. 250　　　　　　　　　　　B. 350
C. 450　　　　　　　　　　　D. 650

真题呈现

1. 甲公司为房地产开发企业，现有存货商品房一栋，实际开发成本为9 000万元，2009年3月31日，甲公司将该商品房以经营租赁方式提供给乙公司使用，租赁期为10年。甲公司对该商品房采用成本模式进行后续计量并按年限平均法计提折旧，预计使用寿命为50年，预计净残值为零。假定不考虑其他因素，下列关于甲公司2009年12月31日资产负债表项目列报正确的是（　　）。(2010年初会)

A. 存货为9 000万元　　　　　B. 固定资产8 865万元
C. 投资性房地产为8 820万元　D. 投资性房地产为8 865万元

【答案】D

【解析】该商品房应作为采用成本模式计量的投资性房地产，2009年3月至12月投资性房地产的累计折旧 = 9 000/50 × (9/12) = 135（万元），投资性房地产的账面价值 = 9 000 - 135 = 8 865（万元），所以2009年12月31日资产负债表项目列报的金额为8 865万元。

2. 2011年7月1日，甲公司将一项按照成本模式进行后续计量的投资性房地产转换为固定资产。该资产在转换前的账面原价为4 000万元，已计提折旧200万元，已计提减值准备100万元，转换日的公允价值为3 850万元，假定不考虑其他因素，转换日甲公司应借记"固定资产"账户的金额为（　　）万元。（2012年中会）

　　A. 3 700　　　　　　　　B. 3 800
　　C. 3 850　　　　　　　　D. 4 000

【答案】D

【解析】转换日甲公司应按转换前投资性房地产原价4 000万元借记"固定资产"账户。

二、多项选择题

1. 下列各项中，属于投资性房地产的有（　　）。
　　A. 已出租的建筑物　　　　　　B. 待出租的建筑物
　　C. 已出租的土地使用权　　　　D. 以经营租赁方式租入后再转租的建筑物

2. 下列各项关于土地使用权会计处理的表述中，正确的有（　　）。
　　A. 为建造固定资产购入的土地使用权确认为无形资产
　　B. 土地使用权在地上建筑物达到预定可使用状态时与地上建筑物一并确认为固定资产
　　C. 用于出租的土地使用权及其地上建筑物一并确认为投资性房地产
　　D. 用于建造厂房的土地使用权摊销金额在厂房建造期间计入在建工程成本

3. 下列关于采用公允价值模式进行后续计量的投资性房地产会计处理的表述中，正确的有（　　）。
　　A. 可收回金额低于账面价值应计提减值准备
　　B. 公允价值变动的金额计入公允价值变动损益
　　C. 公允价值变动的金额不影响营业利润
　　D. 自用房地产转换为投资性房地产时公允价值小于账面价值的差额计入公允价值变动损益

4. 关于投资性房地产转换日的确定，下列说法中正确的有（　　）。
　　A. 作为存货的房地产改为出租，或者自用建筑物或土地使用权停止自用改为出租，其转换日为租赁期开始日
　　B. 投资性房地产转为自用房地产，其转换日为房地产达到自用状态，企业开始将房地产用于生产商品、提供劳务或者经营管理的日期
　　C. 自用土地使用权停止自用，改用于资本增值，其转换日为自用土地使用权停止自用后确定用于资本增值的日期
　　D. 作为存货的房地产改为出租，或者自用建筑物或土地使用权停止自用改为出租，其转换日为合同签订日

5. 下列关于投资性房地产中已出租建筑物的说法中，正确的有（　　）。
　　A. 用于出租的建筑物必须是企业拥有产权的建筑物
　　B. 已出租的建筑物是企业已经与其他方签订了租赁协议，约定以经营租赁方式出租的建筑物
　　C. 企业将建筑物出租，按租赁协议向承租人提供的相关辅助服务在整个协议中不重

大的，应当将该建筑物确认为投资性房地产

D. 一般应自租赁协议规定的租赁期开始日起，经营租出的建筑物才属于已出租的建筑物

6. 2016年1月10日甲公司在债务重组时取得一项处于建设中的房产，公允价值为3 800万元，甲公司又发生建造和装修支出2 000万元，均符合资本化条件，应资本化的借款利息200万元，该房产于2×16年6月30日达到可使用状态，考虑自身生产经营需要，甲公司董事会已经做出书面决议将该房产30%留作办公自用，另外70%与A企业签订了长期租赁合同。合同规定租赁期开始日为2×16年7月1日，年租金180万元。该项房产预计使用20年，预计净残值为0，甲公司以成本模式对投资性房地产进行后续计量，采用年限平均法计提折旧。甲公司以下确认计量正确的有（   ）。

A. 应分别确认用于出租房产和自用房产的账面价值

B. 2×16年6月30日固定资产初始计量金额为1 800万元

C. 2×16年6月30日投资性房地产初始计量金额为4 200万元

D. 2×16年7月1日固定资产初始计量金额为6 000万元

7. 下列有关投资性房地产后续计量会计处理的表述中，正确的有（   ）。

A. 不同企业可以分别采用成本模式或公允价值模式

B. 满足特定条件时可以采用公允价值模式

C. 同一企业可以分别采用成本模式和公允价值模式

D. 同一企业不得同时采用成本模式和公允价值模式

真题呈现

1. 下列各项中，应作为投资性房地产核算的有（   ）。（2015年中会）

A. 已出租的土地使用权

B. 以经营租赁方式租入再转租的建筑物

C. 持有并准备增值后转让的土地使用权

D. 出租给本企业职工居住的自建宿舍楼

【答案】AC

【解析】选项B，以经营租赁方式租入的建筑物，承租人对该建筑物不具有所有权，再转租时不能作为投资性房地产核算；选项D，出租给职工的自建宿舍楼，作为自用固定资产核算，不属于投资性房地产。

2. 下列各项中，属于投资性房地产的有（   ）。（2011年中会）

A. 房地产企业持有的待售商品房

B. 以经营租赁方式出租的商用房

C. 以经营租赁方式出租的土地使用权

D. 以经营租赁方式租入后再转租的建筑物

【答案】BC

【解析】选项A，属于存货；选项D，企业没有建筑物的所有权，不作为自有资产核算。

三、判断题

1. 房地产开发企业销售的或为销售而正在开发的商品房和土地,可以确认为投资性房地产。（　　）

2. 企业将自行建造的房地产达到预定可使用状态时开始自用,之后改为对外出租,应当在该房地产达到预定可使用状态时确认为投资性房地产。（　　）

3. 投资性房地产的核算,同一企业不得同时采用成本模式和公允价值模式。（　　）

4. 企业采用公允价值模式进行后续计量的,也应该对投资性房地产计提折旧或摊销。（　　）

5. 企业可以将投资性房地产的后续计量由公允价值模式转为成本模式。（　　）

6. 成本模式转为公允价值模式的,应当作为会计估计变更。（　　）

7. 已采用公允价值模式计量的投资性房地产,不得从公允价值模式转为成本模式。（　　）

8. 投资性房地产转换为自用房地产的转换日期为房地产达到自用状态的日期。（　　）

真题呈现

1. 采用成本模式进行后续计量的投资性房地产,其后续计量原则与固定资产或无形资产相同。（2010年初会）（　　）

【答案】对

【解析】采用成本模式进行后续计量的投资性房地产,其后续计量原则与固定资产或无形资产相同,都需要计提折旧或摊销,都需要进行减值测试。

2. 企业以经营租赁方式租入后再转租给其他单位的土地使用权,不能确认为投资性房地产。（2016年中会）（　　）

【答案】对

【解析】企业以经营租赁方式租入的土地使用权,不属于企业的自有资产,转租后不能作为投资性房地产核算。

3. 企业将采用经营租赁方式租入的土地使用权转租给其他单位的,应该将土地使用权确认为投资性房地产。（2013年中会）（　　）

【答案】错

【解析】对于以经营租赁方式租入土地使用权再转租给其他单位的,因不拥有产权,不能确认为投资性房地产。

四、实务题

实务题一

一、目的:练习投资性房地产在公允价值模式下的转换、后续计量以及处置的相关账务处理。

二、资料:A为一家房地产开发公司,2016年12月10日,A公司与乙公司签订了租赁协议，将其开发的一栋写字楼出租给乙公司使用，租赁期开始日为2017年1月1日。2017年1月1日，该写字楼的账面余额2 000万元，公允价值为4 000万元。2017年12月31日，该项投资性房地产的公允价值为6 000万元。2018年12月31日，该项投资性房地产的公允价值为7 000万元。2019年3月31日租赁期届满，A公司收回该项投资性房地产，并以10 000万元出售，出售款项已收讫。A公司采用公允价值模式计量。

三、要求：

（1）编制开发产品转换为投资性房地产时的会计分录。

（2）编制公允价值变动时的会计分录。

（3）编制该写字楼出售时的会计分录。

实务题二

一、目的：练习投资性房地产在成本模式下的相关账务处理。

二、资料：B 公司以成本模式对投资性房地产进行后续计量，2016—2018 年发生如下与投资性房地产有关的业务：

（1）2016 年 12 月 31 日将一项自用厂房用于出租，租赁期为 2 年，每年租金 320 万元，于当年年末收取。该厂房为 2014 年 12 月 20 日购入并投入使用，入账价值为 3 800 万元，该厂房预计使用寿命为 20 年，预计净残值 200 万元，采用年限平均法计提折旧，假设 2015 年、2016 年均未发生减值。

（2）2017 年 12 月 31 日 B 公司经测试表明该厂房公允价值减去处置费用后的净额为 2 800 万元，预计未来现金流量现值为 2 920 万元。假设计提减值后折旧方法、折旧年限、预计净残值均未发生变化。

（3）2018 年 12 月 31 日租赁期满，承租人与 B 公司续租并要求 A 公司对该厂房进行改扩建，改扩建过程中发生符合资本化条件的支出 600 万元，假定改扩建支出均以银行存款支付。2019 年 6 月 30 日，改扩建工程完工。

三、要求：根据上述业务，不考虑其他因素，编制 B 公司与该项投资性房地产相关的会计分录。（计算结果保留两位小数，答案中的金额单位以万元表示）

真题呈现

1. 2010年12月16日,甲公司与乙公司签订了一项租赁协议,将一栋经营管理用写字楼出租给乙公司,租赁期为3年,租赁期开始日为2011年1月1日,年租金为240万元,于每年年初收取。相关资料如下:

(1) 2010年12月31日,甲公司将该写字楼停止自用,准备出租给乙公司,拟采用成本模式进行后续计量,预计尚可使用46年,预计净残值为20万元,采用年限平均法计提折旧,不存在减值迹象。该写字楼于2006年12月31日达到预定可使用状态时的账面原价为1 970万元,预计使用年限为50年,预计净残值为20万元,采用年限平均法计提折旧。

(2) 2011年1月1日,预收当年租金240万元,款项已收存银行。甲公司按月将租金收入确认为其他业务收入,并结转相关成本。

(3) 2012年12月31日,甲公司考虑到所在城市存在活跃的房地产市场,并且能够合理估计该写字楼的公允价值,为提供更相关的会计信息,将投资性房地产的后续计量从成本模式转换为公允价值模式,当日,该写字楼的公允价值为2 000万元。

(4) 2013年12月31日,该写字楼的公允价值为2 150万元。

(5) 2014年1月1日,租赁合同到期,甲公司为解决资金周转困难,将该写字楼出售给丙企业,价款为2 100万元,款项已收存银行。

甲公司按净利润的10%提取法定盈余公积,不考虑其他因素。

要求:

(1) 编制甲公司2010年12月31日将该写字楼转换为投资性房地产的会计分录。

(2) 编制甲公司2011年1月1日收取租金、1月31日确认租金收入和结转相关成本的会计分录。

(3) 编制甲公司2012年12月31日将该投资性房地产的后续计量由成本模式转换为公允价值模式的相关会计分录。

(4) 编制甲公司2013年12月31日确认公允价值变动损益的相关会计分录。

(5) 编制甲公司2014年1月1日处置该投资性房地产时的相关会计分录。

(采用公允价值模式进行后续计量的投资性房地产应写出必要的明细账户;答案中的金额单位用万元表示)(2014年中会)

【答案】

(1) 2010年12月31日:

借:投资性房地产 1 970
　　累计折旧 156[(1 970 - 20)/50 × 4]
　　贷:固定资产 1 970
　　　　投资性房地产累计折旧 156

(2) 2011年1月1日预收租金:

借:银行存款 240
　　贷:预收账款 240

2011年1月31日:

每月确认租金收入 = 240/12 = 20（万元）

每月计提的折旧额 = (1 970 - 156 - 20)/46/12 = 3.25(万元)

借：预收账款 20
　　贷：其他业务收入 20（240/12）
借：其他业务成本 3.25
　　贷：投资性房地产累计折旧 3.25

(3) 2012年12月31日：

借：投资性房地产——成本 2 000
　　投资性房地产累计折旧 234[156 + (1 970 - 156 - 20)/46 × 2]
　　贷：投资性房地产 1 970
　　　　盈余公积 26.4
　　　　利润分配——未分配利润 237.6

(4) 2013年12月31日：

借：投资性房地产——公允价值变动 150
　　贷：公允价值变动损益 150

(5) 2014年1月1日：

借：银行存款 2 100
　　贷：其他业务收入 2 100
借：其他业务成本 2 150
　　贷：投资性房地产——成本 2 000
　　　　　　　　　　——公允价值变动 150
借：公允价值变动损益 150
　　贷：其他业务成本 150

第九章

无形资产及其他资产的核算

知识点梳理

无形资产是指企业拥有或者控制的没有实物形态的可辨认非货币性资产。无形资产包括专利权、非专利技术、商标权、著作权、土地使用权、特许权等。

无形资产具有如下共同特征：
（1）无形资产不具有实物形态。
（2）无形资产具有可辨认性。
（3）无形资产属于非货币性长期资产。
（4）无形资产是由企业拥有或者控制并能为其带来未来经济利益的资源。

无形资产的确认：
无形资产在符合定义的前提下，并且同时满足以下两个条件时，企业才能确认：
（1）与该无形资产有关的经济利益很可能流入企业。
（2）该无形资产的成本能够可靠地计量。

无形资产的取得的核算：
企业外购的无形资产，按应计入无形资产成本的金额，借记"无形资产"账户，贷记"银行存款"等账户。外购无形资产的成本，包括购买价款、相关税费，以及直接归属于使该项资产达到预定用途所发生的其他支出。

购入无形资产超过正常信用条件延期支付价款，实质上具有融资性质的，应按所购无形资产购买价款的现值，借记"无形资产"账户，按应支付的金额，贷记"长期应付款"账户，按其差额，借记"未确认融资费用"账户。

企业自行研究开发的无形资产，其成本包括在满足资本化条件的时点至无形资产达到预定用途前所发生的可直接归属于该无形资产的创造、生产并使该资产能够以管理层预定的方式运作的必要支出总和。

投资者投入的无形资产，按投资各方确认的价值，借记"无形资产"账户，贷记"实收资本"或"股本"等账户。投资者投入无形资产的成本，应当按照投资合同或协议约定的价值确定，但合同或协议约定价值不公允的除外。

无形资产的摊销：
企业应当于取得无形资产时分析判断其使用寿命。使用寿命有限的无形资产应进行摊销。使用寿命不确定的无形资产不应摊销。

无形资产摊销方法包括年限平均法（即直线法）、生产总量法等。企业选择无形资产的摊销方法，应当反映与该项无形资产有关的经济利益的预期实现方式。无法可靠确定预期实现方式的，应当采用直线法摊销。

无形资产摊销的核算：

在对无形资产的摊销进行核算时，借记"管理费用"、"制造费用"、"销售费用"、"其他业务成本"、"研发支出"等账户，贷记"累计摊销"账户。

无形资产减值的核算：

企业定期对无形资产的账面价值进行检查，如果账面价值高于可收回金额，应当计提无形资产减值准备，计入当期的资产减值准备；如果前期已计提减值准备的无形资产的价值得以恢复，已计提减值准备也不能予以转回。同时规定当无形资产发生减值后，应对其在尚可使用年限内计提的摊销额做出调整。

对于使用寿命不确定的无形资产，在持有期间内不需要摊销，如果期末重新复核后仍为不确定的，应当在每个会计期间继续进行减值测试，需要计提减值准备的，相应计提无形资产的减值准备，按无形资产的可收回金额低于其账面价值的差额，借记"资产减值损失"账户，贷记"无形资产减值准备"账户。

无形资产报废的核算：

无形资产预期不能为企业带来经济利益的，应当将其报废并予以转销，其账面价值转作当期损益。转销时应按已计提的累计摊销，借记"累计摊销"账户，原已计提减值准备的，借记"无形资产减值准备"账户，按其账面余额，贷记"无形资产"账户，按其差额，借记"营业外支出"账户。

其他资产：

包括长期待摊费用、其他长期资产、特准储备物资等。

复 习 思 考 题

1. 何为无形资产？无形资产包括哪些内容？

2. 无形资产的取得途径有哪些？如何确定它们的取得成本？

3. 无形资产的摊销方法有几种？

4. 如何对无形资产进行管理？

5. 影响固定资产折旧的因素有哪些？

6. 无形资产的处置应如何核算？

7. 其他资产包括哪些？

自　测　题

一、单项选择题

1. 下列各项中，企业应确认为无形资产的是（　　）。
   A. 自创的商誉
   B. 企业合并产生的商誉
   C. 内部研究开发项目研究阶段发生的支出
   D. 以缴纳土地出让金方式取得的土地使用权

2. 下列各项关于土地使用权会计处理的表述中，不正确的是（　　）。
   A. 为建造固定资产购入的土地使用权确认为无形资产
   B. 房地产开发企业为开发商品房购入的土地使用权确认为存货
   C. 用于出租的土地使用权及其地上建筑物一并确认为投资性房地产
   D. 土地使用权在地上建筑物达到预定可使用状态时与地上建筑物一并确认为固定资产

3. 长江公司为一家多元化经营的综合性集团公司，不考虑其他因素，其纳入合并范围的下列子公司对所持有土地使用权的会计处理中，不符合会计准则规定的是（　　）。
   A. 子公司甲为房地产开发企业，将土地使用权取得成本计入所建造商品房成本
   B. 子公司乙将取得的用于建造厂房的土地使用权在建造期间的摊销计入当期管理费用
   C. 子公司丙将持有的土地使用权对外出租，租赁开始日停止摊销并转为采用公允价值进行后续计量
   D. 子公司丁将用作办公用房的外购房屋价款按照房屋建筑物和土地使用权的相对公允价值分别确认为固定资产和无形资产，采用不同的年限计提折旧或摊销

4. 甲公司为增值税一般纳税人，2017年1月1日，甲公司以212万元（含增值税税额12万元）的价格购入一项商标权。为推广该商标权，甲公司发生广告宣传费用2万元，上述款项均用银行存款支付。甲公司取得该项商标权的入账价值为（　　）万元。
   A. 200　　　　　　　　　　B. 202
   C. 212　　　　　　　　　　D. 214

5. 乙公司出售一项3年前取得的专利权，该专利权取得时的成本为400万元，预计使用年限为10年，无残值，采用直线法摊销。出售价款为848万元（含增值税48万元）。不考虑其他相关税费，则出售该项专利权影响当期损益的金额为（　　）万元。
   A. 568　　　　　　　　　　B. 520
   C. 300　　　　　　　　　　D. 320

6. 2013年1月1日，甲公司某项特许使用权的原价为960万元，已摊销600万元，已计提减值准备60万元。预计尚可使用年限为2年，预计净残值为零，采用直线法按月摊销。不考虑其他因素，2013年1月甲公司该项特许使用权应摊销的金额为（　　）万元。

A. 12.5   B. 15
C. 37.5   D. 40

7. 丁公司自2015年年初开始自行研究开发一项新专利技术，2015年发生相关研发支出70万元，其中，符合资本化条件前发生的研发支出为30万元，符合资本化条件后发生的开发支出为40万元；2016年至无形资产达到预定用途前发生开发支出105万元，2016年7月1日专利技术获得成功达到预定用途并专门用于生产A产品。申请专利权发生注册费用5万元，为运行该项无形资产发生培训支出4万元。该项专利权的法律保护期限为15年，丁公司预计运用该项专利权生产的产品在未来10年内会为企业带来经济利益。乙公司向长江公司承诺在5年后以30万元（不含增值税）购买该项专利权。丁公司管理层计划在5年后将其出售给乙公司。丁公司对无形资产采用直线法摊销。丁公司自行开发的该项无形资产在2016年应摊销的金额为（　　）万元。

A. 12   B. 6
C. 12.4   D. 15

8. 下列各项关于无形资产会计处理的表述中，正确的是（　　）。
   A. 自行研究开发的无形资产在尚未达到预定用途前无须考虑减值
   B. 非同一控制下企业合并中，购买方应确认被购买方在该项交易前未确认但可单独辨认且公允价值能够可靠计量的无形资产
   C. 使用寿命不确定的无形资产在持有过程中不应该摊销也不考虑减值
   D. 同一控制下企业合并中，合并方应确认被合并方在该项交易前未确认的无形资产

9. 下列有关无形资产会计处理的表述中，不正确的是（　　）。
   A. 自用的土地使用权应确认为无形资产
   B. 使用寿命不确定的无形资产应于每年末进行减值测试
   C. 无形资产均应确定预计使用年限并分期摊销
   D. 内部研发项目研究阶段发生的支出不应确认为无形资产

真题呈现

1. 研究开发活动无法区分研究阶段和开发阶段的，当期发生的研究开发支出应在资产负债表日确认为（　　）。（2011年中会）
   A. 无形资产   B. 管理费用
   C. 研发支出   D. 营业外支出

【答案】B

【解析】研究开发活动无法区分研究阶段和开发阶段的，根据谨慎性的要求是要费用化，计入当期损益的，所以答案为选项B。

2. 甲公司为增值税一般纳税人，2009年1月5日以2 700万元购入一项专利权，另支付相关税费120万元。为推广由该专利权生产的产品，甲公司发生广告宣传费60万元。该专利权预计使用5年，预计净残值为零，采用直线法摊销。假设不考虑其他因素，2009年12月31日该专利权的账面价值为（　　）万元。（2010年初会）

A. 2 160 B. 2 256
C. 2 304 D. 2 700

【答案】B

【解析】2009 年 12 月 31 日该专利权的账面价值 =［(2 700 + 120) - (2 700 + 120)/5］= 2 256（万元）。

3. 甲公司自行研发一项新技术，累计发生研究开发支出 800 万元，其中符合资本化条件的支出为 500 万元。研发成功后向国家专利局提出专利权申请并获得批准，实际发生注册登记费 8 万元；为使用该项新技术发生的有关人员培训费为 6 万元。不考虑其他因素，甲公司该项无形资产的入账价值为（　　）万元。(2014 年中会)

A. 508 B. 514
C. 808 D. 814

【答案】A

【解析】无形资产入账价值 = 500 + 8 = 508（万元），人员培训费不构成无形资产的开发成本。

二、多项选择题

1. 企业外购的无形资产的成本应该包括（　　）。
   A. 购买价款、相关税费以及直接归属于使该项资产达到预定用途所发生的其他支出
   B. 直接归属于使该项资产达到预定用途所发生的其他支出包括使无形资产达到预定用途所发生的专业服务费用
   C. 为引入新产品进行宣传发生的广告费、管理费用及其他间接费用
   D. 无形资产已经达到预定用途以后发生的费用

2. 通常情况下，无形资产的内容包括（　　）。
   A. 商标权 B. 著作权
   C. 专利权 D. 特许权等

3. 下列关于无形资产初始计量的表述中，正确的有（　　）。
   A. 通过债务重组取得的无形资产，应当以其公允价值入账
   B. 通过政府补助取得的无形资产，应当按照公允价值计量；公允价值不能可靠取得的，按照账面价值计量
   C. 企业外购的无形资产，通常应当按照取得时所支付的价款和相关税费确认为无形资产
   D. 投资者投入的无形资产，应当按照投资合同或协议约定的价值确定无形资产的成本

4. A 房地产开发公司发生下列业务：2017 年 1 月 1 日，外购位于甲地块上的一栋写字楼，作为自用办公楼，甲地块的土地使用权能够单独计量；2017 年 5 月 1 日，购入乙地块和丙地块，分别用于开发对外出售的住宅楼和写字楼，至 2016 年 12 月 31 日，该住宅楼和写字楼尚未开发完成；2018 年 1 月 1 日，购入丁地块，作为办公区的绿化用地，至 2018 年 12 月 31 日，丁地块的绿化已经完成，假定不考虑其他因素，下列各项中，A 公司 2018 年 12 月 31 日应单独确认为无形资产（土地使用权）的有（　　）。

A. 甲地块的土地使用权 B. 乙地块的土地使用权
  C. 丙地块的土地使用权 D. 丁地块的土地使用权

5. 下列关于无形资产的会计处理中，正确的有（ ）。
   A. 购入无形资产超过正常信用条件分期付款且具有融资性质的，应按购买价款确定其取得成本
   B. 使用寿命不确定的无形资产，在持有期间不需要摊销，也无需进行减值测试
   C. 外购土地使用权及建筑物的价款难以在两者之间进行合理分配时，应全部作为固定资产入账
   D. 企业合并中形成的商誉不确认为无形资产，应单独列报

6. 关于土地使用权，下列说法中正确的有（ ）。
   A. 企业购买的用于绿化的土地应确认为无形资产
   B. 土地使用权用于自行开发建造厂房等地上建筑物时，相关的土地使用权应当计入所建造的房屋建筑物成本
   C. 房地产开发企业取得的土地使用权用于建造对外出售的房屋建筑物时，土地使用权与地上建筑物分别进行摊销和提取折旧
   D. 企业改变土地使用权的用途，将其用于赚取租金或资本增值时，应将其转为投资性房地产

7. 关于无形资产使用寿命的确定，下列说法中正确的有（ ）。
   A. 来源于合同性权利的无形资产，其使用寿命一定等于合同性权利的期限
   B. 来源于法定权利的无形资产，其使用寿命不应超过法定权利的期限
   C. 合同规定受益年限，法律也规定了有效年限的，摊销年限选择二者中较短者
   D. 合同性权利或其他法定权利在到期时因续约等延续，无论续约是否需要付出大额成本，续约期应当计入使用寿命

8. 某企业出售一项3年前取得的专利权，该专利权取得时的成本为20万元，采用直线法按10年摊销，无残值，出售时取得价款40万元。不考虑增值税等其他因素的影响，则出售该项专利权时对企业利润的影响为（ ）。
   A. 出售该项专利权时影响利润总额的金额24万元
   B. 出售该项专利权时影响利润总额的金额26万元
   C. 出售该项专利权时影响营业利润2万元
   D. 出售该项专利权时影响营业利润为0

9. 对于使用寿命不确定的无形资产，下列说法中正确的有（ ）。
   A. 使用寿命不确定的无形资产无需摊销，也无需进行减值测试
   B. 使用寿命不确定的无形资产应当在每个会计期间进行减值测试
   C. 对于使用寿命不确定的无形资产如果有证据表明其使用寿命变更为有限，则应视为会计估计变更，估计其使用寿命并按照使用寿命有限的无形资产的处理原则进行处理
   D. 企业选择的无形资产摊销方法应当能够反映与该项无形资产有关的经济利益的预期实现方式，并一致地运用于不同会计期间

10. 企业在估计无形资产使用寿命时应考虑的因素有（ ）。

A. 无形资产相关技术的未来发展情况
B. 使用无形资产生产的产品寿命周期
C. 使用无形资产生产的产品市场需求情况
D. 现在或潜在的竞争者预期将采取的研发战略

真题呈现

1. 下列各项中,关于无形资产摊销表述正确的有（　　）。（2012年初会）
   A. 使用寿命不确定的无形资产不应摊销
   B. 出租无形资产的摊销额应计入管理费用
   C. 使用寿命有限的无形资产处置当月不再摊销
   D. 无形资产的摊销方法主要有直线法和生产总量法

【答案】ACD
【解析】出租无形资产的摊销额记入"其他业务成本"账户。

三、判断题

1. 房地产开发企业购入的土地使用权用于建造商品房时,相关的土地使用权账面价值应作为无形资产核算,不转入商品房成本。（　　）
2. 企业将土地使用权用于自行开发建造自用厂房的,该土地使用权与厂房应分别进行摊销和提取折旧。（　　）
3. 持有待售的无形资产不进行摊销,按照账面价值与公允价值减去处置费用后的净额孰低进行计量。（　　）
4. 使用寿命不确定的无形资产在持有过程中不应该摊销也不考虑减值。（　　）
5. 使用寿命不确定的无形资产改为使用寿命有限的无形资产属于会计估计变更。（　　）
6. 对使用寿命有限的无形资产选择的摊销方法应当一致地运用于不同会计期间。（　　）
7. 企业至少应当于每年年度终了,对无形资产的使用寿命及摊销方法进行复核,如果有证据表明无形资产的使用寿命及摊销方法不同于以前的估计,则对于使用寿命有限的无形资产,应改变其摊销年限及摊销方法,并按照会计估计变更进行处理。（　　）
8. 投资者投入无形资产的成本,按照投资合同或协议约定的价值确定即可。（　　）
9. 企业取得的土地使用权,不管用于什么用途,均应作为无形资产核算。（　　）
10. 房地产开发企业取得的土地使用权用于建造对外出售的房屋建筑物,相关的土地使用权应当计入所建造的房屋建筑物成本。（　　）

真题呈现

1. 企业无法可靠区分研究阶段和开发阶段支出的,应将其所发生的研发支出全部资产

化计入无形资产成本。（　　）（2010 年初会）

【答案】 错

【解析】 研发支出如果无法区分研究阶段和开发阶段，那么发生的支出应该全部费用化处理，通过"管理费用"账户核算。

2. 使用寿命有限的无形资产应当自达到预定用途的下月起开始摊销。（　　）（2012 年初会）

【答案】 错

【解析】 当月增加的无形资产，当月开始摊销；当月减少的无形资产，当月不再摊销。

四、实务题

实务题一

一、目的：练习无形资产取得的账务处理。

二、资料：甲公司为一般纳税人企业，2017 年发生有关无形资产经济业务如下：

（1）从长江公司购入一项专利权，按照协议约定以现金支付，实际支付的价款为 300 万元，支付增值税进项税额为 18 万元，并支付相关专业服务费用 5 万元，款项已通过银行转账支付。

（2）从黄河公司购买一项商标权，由于甲公司资金周转比较紧张，经与黄河公司协议采用分期付款方式支付款项。合同规定，该项商标权总计 1 000 万元，每年末付款 200 万元，5 年付清。假定银行同期贷款利率为 5%。为了简化核算，假定不考虑其他有关税费（已知 5 年期利率 5%，其年金现值系数为 4.329 5）。

（3）接受淮河公司以其商标权投资于甲公司，双方协议价格（等于公允价值）为 500 万元，甲公司另支付印花税等相关税费 2 万元，款项已通过银行转账支付（不考虑增值税）。

三、要求：

计算各项无形资产的入账价值并编制取得时的有关会计分录。

实务题二

一、目的：练习无形资产摊销的计算及账务处理。

二、资料：甲公司为一般纳税人企业，2017年1月1日，从珠江公司购得一项新专利技术，支付价款1 000万元，款项已支付，估计该项专利技术的使用寿命为5年，该项专利技术用于产品生产；假定该项专利技术的净残值为零，并按直线法按年摊销。

三、要求：

计算该项无形资产的年摊销额并编制摊销时的会计分录。

实务题三

一、目的：练习无形资产出售时的会计处理。

二、资料：甲公司为一般纳税人企业，2017年6月30日与黑龙江公司签订专利权销售合同，将一项专利权出售，开出的增值税专用发票上注明的价款为100万元，增值税税额为6万元，款项已经存入银行。该商标的账面余额为30万元，累计摊销金额为20万元，未计提减值准备。

三、要求：为甲公司编制出售时的会计分录。

实务题四

一、目的：练习无形资产出租时的会计处理。

二、资料：甲公司为一般纳税人企业，2017年7月1日与海河公司签订商标权出租合同，合同规定出租期限为2年，每月租金收入30万元，每月月末收取当月租金。2017年7月31日收到当月的租金及增值税税额合计31.8万元，增值税税率为6%，已办理入账手续。该商标权每月的摊销额为10万元。

三、要求：为甲公司编制当月收取租金以及摊销时的会计分录。

实务题五

一、目的：练习无形资产报废时的会计处理。

二、资料：甲公司为一般纳税人企业，2017年7月31日将其某项非专利技术做报废处理。该非专利技术为2011年1月1日购入，原入账价值120万元，预计使用寿命为10年，按直线法摊销，无残值，报废时未计提减值准备。

三、要求：为甲公司编制报废时的会计分录。

第十章

流动负债的核算

知识点梳理

负债是指企业过去的交易或者事项形成的,预期会导致经济利益流出企业的现时义务。

负债具有以下基本特征:负债是过去的交易或事项产生的;负债是企业承担的现时义务;负债的清偿会导致企业未来经济利益的流出。

企业要确认负债,除了要符合负债的定义外,还应同时满足以下两个条件:与该义务有关的经济利益很可能流出企业;未来流出经济利益的金额能够可靠地计量。

流动负债是指将在1年(含1年)内或者超过1年的一个营业周期内偿还的债务。主要包括:短期借款、应付账款、预收账款、应付票据、应交税费、应付职工薪酬、其他应付款、应付利息、应付股利和一年内到期的非流动负债。

短期借款指企业向银行或其他金融机构借入的、偿还期限在1年(含1年)以内的各种借款。

应付账款指企业因购买材料、商品或接受劳务供应等经营活动而应付给供应单位的款项。

预收账款指企业按照合同规定向购货单位预收的款项。

应付票据指企业购买材料、商品和接受劳务供应等而开出、承兑的商业汇票,包括商业承兑汇票和银行承兑汇票。

应交税费指企业在经营过程中根据税法的规定应向税务机关缴纳的税金。这些应交的税金,包括:增值税、消费税、城市维护建设税、资源税、企业所得税、土地增值税、房产税、车船税、土地使用税、教育费附加、矿产资源补偿费、个人所得税、印花税、耕地占用税、车辆购置税等。

应付职工薪酬指企业根据有关规定应付给职工的各种薪酬。按现行有关制度规定,职工薪酬主要包括:职工的工资、奖金、津贴和补贴,职工福利费,医疗、养老、失业、工伤、生育等社会保险费,住房公积金,工会经费,职工教育经费,非货币性福利等。

职工薪酬分为短期薪酬、离职后福利、辞退福利和其他长期职工福利。

短期薪酬指企业在职工提供相关服务的年度报告期间结束后十二个月内需要全部予以支付的职工薪酬,因解除与职工的劳动关系给予的补偿除外。具体包括:职工工资、奖金、津贴和补贴;职工福利费;医疗保险费、工伤保险费和生育保险费等社会保险费;住房公积金;工会经费和职工教育经费;短期带薪缺勤;短期利润分享计划;其他短期薪酬。

离职后福利指企业为获得职工提供的服务而在职工退休或与企业解除劳动关系后，提供的各种形式的报酬和福利，短期薪酬和辞退福利除外。

辞退福利指企业在职工劳动合同到期之前解除与职工的劳动关系，或者为鼓励职工自愿接受裁减而给予职工的补偿。

其他长期职工福利指除短期薪酬、离职后福利、辞退福利之外所有的职工薪酬，包括长期带薪缺勤、长期残疾福利、长期利润分享计划等。

其他应付款指企业除应付票据、应付账款、预收账款、应付职工薪酬、应交税费、应付股利等经营活动以外的其他各项应付、暂收的款项。主要内容包括：应付经营租赁固定资产租金；租入包装物租金；存入保证金等。

应付利息指企业按合同约定应支付的利息，包括短期借款、分期付息到期还本的长期借款、分期付息到期还本企业债券等应支付的利息。

应付股利指企业根据股东大会或类似机构审议批准的利润分配方案确定分配给投资者的现金股利或利润。

复习思考题

1. 什么是负债？负债具有什么特征？确认的条件是什么？

2. 什么是流动负债？流动负债包含哪些内容？

3. 什么是应付职工薪酬？应付职工薪酬的内容包括哪些？

4. 什么是增值税？一般纳税人增值税的金额如何确定？如何核算？

5. 什么是消费税？消费税的金额如何确定？如何核算？

自 测 题

一、单项选择题

1. 企业对确实无法支付的应付账款，应转入的会计账户是（　　）。
   A. 其他业务收入　　　　　　B. 资本公积
   C. 盈余公积　　　　　　　　D. 营业外收入
2. 企业确认的辞退福利，应计入的会计账户是（　　）。
   A. 生产成本　　　　　　　　B. 制造费用
   C. 管理费用　　　　　　　　D. 营业外支出
3. 下列项目中，不应通过"应交税费"账户核算的是（　　）。
   A. 应交的土地使用税　　　　B. 应交的教育费附加
   C. 应交的矿产资源补偿费　　D. 耕地占用税
4. A公司为增值税一般纳税人（适用税率17%），11月初未交增值税1 000元，本月购进材料成本为10 000元，支付的增值税为1 700元，本月销售产品，取得含税销售收入93 600元，则A公司本月月末应交增值税为（　　）元。
   A. 60 000　　　　　　　　　B. 31 000
   C. 14 300　　　　　　　　　D. 59 300
5. 下列税金中，与企业计算损益无关的是（　　）。

A. 消费税　　　　　　　　　　B. 增值税
C. 所得税　　　　　　　　　　D. 城市建设维护税

6. 下列项目中，不属于流动负债的是（　　）。
   A. 应交税费　　　　　　　　B. 应付票据
   C. 预付账款　　　　　　　　D. 预收账款

7. 短期借款所发生的利息，一般应计入（　　）。
   A. 管理费用　　　　　　　　B. 营业外支出
   C. 财务费用　　　　　　　　D. 投资收益

真题呈现

1. 2012年9月1日，某企业向银行借入一笔期限2个月，到期一次还本付息的生产经营周转借款200 000元，年利息6%。借款利息不采用预提方式，于实际支付时确认。11月1日，企业以银行存款偿还借款本息的会计处理正确的是（　　）。（2017年初会）

   A. 借：短期借款　　　　　　　　　　　　　　　　　200 000
         应付利息　　　　　　　　　　　　　　　　　　2 000
         贷：银行存款　　　　　　　　　　　　　　　　　　　202 000
   B. 借：短期借款　　　　　　　　　　　　　　　　　200 000
         应付利息　　　　　　　　　　　　　　　　　　1 000
         财务费用　　　　　　　　　　　　　　　　　　1 000
         贷：银行存款　　　　　　　　　　　　　　　　　　　202 000
   C. 借：短期借款　　　　　　　　　　　　　　　　　200 000
         财务费用　　　　　　　　　　　　　　　　　　2 000
         贷：银行存款　　　　　　　　　　　　　　　　　　　202 000
   D. 借：短期借款　　　　　　　　　　　　　　　　　202 000
         贷：银行存款　　　　　　　　　　　　　　　　　　　202 000

【答案】C

【解析】借款利息不采用预提方式，即利息在到期还本付息时一次性直接确认为财务费用，所以也就不用在期末计提"应付利息"。

2. 下列各项中，关于资产负债表"预收账款"项目填列方法表述正确的是（　　）。（2017年初会）

   A. 根据"预收账款"账户的期末余额填列
   B. 根据"预收账款"和"应收账款"账户所属明细各账户的期末贷方余额合计数填列
   C. 根据"预收账款"和"预付账款"账户所属各明细账户的期末借方余额合计数填列
   D. 根据"预收账款"和"应收账款"账户所属各明细账户的期末贷方余额合计数填列

【答案】B

【解析】资产负债表中,"预收账款"项目根据"预收账款"和"应收账款"账户所属明细各账户的期末贷方余额合计数填列。

3. 转销无法支付的应付账款,账面余额转入（   ）。(2016 年初会)

    A. 管理费用   B. 财务费用

    C. 其他业务收入   D. 营业外收入

【答案】D

【解析】转销无法支付的应付账款,属于企业的利得,计入营业外收入。

4. 下列各项中,工业企业通过"其他应付款"账户核算的是（   ）。(2016 年初会)

    A. 应付融资租赁款   B. 应交教育费附加

    C. 行政管理用固定资产维修费   D. 应付经营设备租金

【答案】D

【解析】选项 A,通过长期应付款核算;选项 B,借记税金及附加;选项 C,借记管理费用,贷记银行存款;选项 D,借记制造费用、销售费用、管理费用等,贷记其他应付款。

二、多项选择题

1. 下列项目中,属于职工薪酬的有（   ）。

    A. 职工福利费   B. 住房公积金

    C. 以权益结算的股份支付   D. 因解除与职工的劳动关系给予的补偿

2. 下列项目中,应通过"应付职工薪酬"账户核算的有（   ）。

    A. 工会经费   B. 职工教育经费

    C. 职工补充养老保险   D. 向职工提供企业支付了补贴的商品

3. 下列事项涉及的增值税中,应计入"应交税费——应交增值税（进项税额转出）"账户的有（   ）。

    A. 将原材料用于生产性质的在建工程（动产）

    B. 将原材料用于对外投资

    C. 将产成品用于在建工程（不动产）

    D. 管理不善造成已完工产品发生损失

4. 下列各项增值税中,应计入有关资产成本的有（   ）。

    A. 以产成品对外投资应交的增值税

    B. 在建工程（不动产）使用本企业生产的产品应交的增值税

    C. 小规模纳税企业购入商品已交的增值税

    D. 一般纳税企业用于生产产品的进口材料所支付的增值税

5. 企业所发生的下列税费中,可以记入"税金及附加"账户的有（   ）。

    A. 教育费附加   B. 房产税

    C. 土地使用税   D. 资源税

6. 下列项目中,应通过"其他应付款"账户核算的有（   ）。

    A. 应付租入包装物的租金

    B. 应付经营租入固定资产的租金

C. 应付融资租入固定资产的租赁费
D. 企业采用售后回购方式融入的资金

真题呈现

1. 下列各项中，计入其他应付款的有（　　）。（2015年初会）
   A. 根据法院判决应支付的合同违约金　　B. 租入包装物应支付的租金
   C. 根据购销合同预收的货款　　D. 租入包装物支付的押金

【答案】AB
【解析】选项C应记入"预收账款"账户，选项D应记入"其他应收款"账户。

三、判断题

1. 短期借款利息在预提或实际支付时均应通过"短期借款"账户核算。（　）
2. "预收账款"账户的借方登记发生的预收账款数额和购货单位补付账款的数额。（　）
3. 带息应付票据期末计息，将增加应付票据的账面价值。（　）
4. 贴现的商业承兑汇票如付款人无款支付，则应转为付款人的逾期借款处理。（　）
5. 企业为职工缴纳的基本养老保险金、补充养老保险费，以及为职工购买的商业养老保险，均属于企业提供的职工薪酬。（　）
6. 企业的应付职工薪酬都应计入产品生产成本中。（　）
7. 企业支付的因解除与职工的劳务关系给予的补偿不应通过"应付职工薪酬"账户核算。（　）
8. 企业向职工食堂、职工医院、生活困难职工等支付职工福利费、借记"应付福利费"账户，贷记"应付职工薪酬"账户。（　）
9. 企业将自产的产品发放给职工作为福利，应视同销售物资计算应交增值税，借记"应付职工薪酬"账户，贷记"主营业务收入"、"应交税费——应交增值税（销项税额）"等账户，同时结转产品成本。（　）
10. 公司向职工发放自产产品作为福利，同时要根据相关税收规定，视同销售计算增值税销项税额。（　）
11. 职工离职后，企业提供给职工的全部货币性薪酬和非货币性福利，不应通过"应付职工薪酬"账户核算。（　）
12. 将企业拥有的房屋无偿提供给职工使用的，应当根据受益对象，将该住房每期应计提的折旧计入相关资产成本或当期损益，借记"管理费用"、"生产成本"、"制造费用"等账户，贷记"累计折旧"账户。（　）
13. 企业将自产的应税消费品发放给本单位职工作为福利，应缴纳的消费税计入当期损益。（　）
14. 企业按规定缴纳的土地增值税应计入"固定资产清理"账户。（　）

真题呈现

1. 累计带薪缺勤是指带薪权利可以结转下期的带薪缺勤,本期尚未完成的带薪权利可以在未来期间使用。( )(2015 年初会)

【答案】对

【解析】这是累计带薪缺勤的定义,即累计带薪缺勤是指带薪权利可以结转下期的带薪缺勤,本期尚未完成的带薪权利可以在未来期间使用。

四、实务题

实务题一

一、目的:练习短期借款的核算。

二、资料:凯龙公司 2017 年 1 月 1 日向银行借入短期借款 100 000 元,期限为 9 个月,年利率为 6%,该借款到期后按期如数归还,利息分月预提,按季支付。

三、要求:编制借入款项、按月计提利息、按季支付利息和到期归还本金的会计分录。

实务题二

一、目的：练习应付票据的核算。

二、资料：凯龙公司为增值税一般纳税人，2017年与应付票据有关的业务如下：

（1）3月1日向宏发公司采购材料一批，价款为100 000元，增值税税额为17 000元，当即开出一张面额为117 000元、期限为5个月的不带息银行承兑汇票，同时缴纳银行承兑手续费50元。材料暂未收到。

（2）8月1日应付宏发公司的银行承兑汇票到期，收到银行委托付款117 000元的通知，审核后，同意承付。

（3）12月1日向美华公司采购材料一批，价款为60 000元，增值税税额为10 200元，当即开出面额为70 200元、期限为3个月的带息商业承兑汇票一张，票面年利率为5%。

（4）12月31日对带息商业汇票进行计息。

三、要求：编制以上业务的会计分录。

实务题三

一、目的：练习职工薪酬的核算。

二、资料：2016年凯龙公司与职工薪酬有关的部分业务如下：

（1）2016年12月，公司当月应发工资1 000万元，其中：生产部门直接生产工人工资500万元，生产部门管理人员工资100万元，公司管理人员工资180万元，公司专设销售机构人员工资50万元；建造厂房人员工资110万元；内部开发存货管理系统人员工资60万元。（假定公司存货管理系统已处于开发阶段，并符合无形资产资本化条件，不考虑所得税影响）

（2）根据所在地政府规定，凯龙公司分别按照职工工资总额的10%、12%、2%和10.5%计提医疗保险、养老保险、失业保险和住房公积金。

（3）根据2015年实际发放的职工福利情况，凯龙公司预计2016年应承担的职工福利费金额为职工工资总额的2%，职工福利的受益对象为上述所有人员。公司分别按职工工资总额的2%和1.5%计提工会经费和职工教育经费。

三、要求：编制凯龙公司2016年12月与上述职工薪酬有关的会计分录。

实务题四

一、目的：练习非货币性福利的核算。

二、资料：凯龙公司2016年12月发生与非货币性福利相关的经济业务如下：

（1）公司年底把自己生产的100台冰箱发放给管理人员，冰箱成本价为5 000元/台，不含税售价8 000元/台，适用的增值税税率为17%，另外把公司生产的高档化妆品100套发给管理人员，成本价为1 000元/套，不含税售价为2 000元/套，适用的增值税税率为17%，消费税税率为15%。另外，外购一批彩电不含税价100万元发放给管理人员作为福利。

（2）公司把自有的宿舍楼免费提供给中层管理人员使用，该宿舍楼原值为1 000万元，预计使用年限为20年，净残值率为零，直线法计提折旧；公司租赁年租金为18万元的套房给高层管理人员免费居住，租金为每月底缴纳。

三、要求：编制凯龙公司2016年12月上述交易或事项的会计分录。

实务题五

一、目的：练习应交税费的核算。

二、资料：凯龙公司为增值税一般纳税人，适用的货物增值税税率为17%，城建税税率为7%，教育费附加费率为3%。2017年9月发生如下经济业务：

（1）15日，外购原材料一批，取得增值税专用票，注明价款为230万元，增值税税额为39.1万元，支付运费取得运费增值税发票，注明运费为3万元，增值税税额为0.33万元。原材料已验收入库，所有款项均已支付。

（2）10日，将一批原材料委托宏发公司加工为甲产品（非金银首饰的应税消费品）。发出原材料的成本为22万元，支付加工费取得增值税专用发票注明的加工费为30万元，增值税税额为5.1万元，宏发公司按税法规定代收代缴的消费税为13万元。收回的甲产品继续生产应税消费品。所有款项均已支付。

（3）15日，将办公楼整体对外出租，取得月租金收入25万元存入银行。

（4）20日，将闲置的仓库一栋对外转让，取得不含税收入300万元。已知该仓库的原值为1 500万元，已提折旧1 000万元。该固定资产于2009年1月购入。

（5）30日，计提城建税和教育费附加。假设除上述纳税项目外，无其他消费税应税项目，已知当月应缴纳增值税92 200元。

三、要求：编制上述业务的会计分录。

真题呈现

1. 甲企业为增值税一般纳税人，适用的增值税税率为17%，每月月初发放上月工资，2016年12月1日，"应付职工薪酬"账户贷方余额为33万元。该企业2016年12月发生职工薪酬业务如下：

（1）5日，结算上月应付职工薪酬33万元。其中代扣代缴的职工个人所得税1.5万元。代扣为职工垫付的房租0.5万元。实际发放职工薪酬31万元。

（2）31日，企业以其生产的M产品作为非货币性福利发放给车间生产人员。该批产品不含税的市场售价为50万元。实际生产成本为40万元。

（3）31日，对本月职工工资分配的结果如下：车间生产人员14万元，车间管理人员5万元，企业行政管理人员2万元，专设销售机构人员9万元。

（4）31日，企业计提本月基本养老保险费、基本医疗保险费等社会保险费共计17.7万元。计提本月住房公积金8.85万元。

要求：根据上述材料，不考虑其他因素，分析回答下列问题。（答案中的金额单位用万元表示）（2017年初会）

（1）根据期初资料和资料（1），下列各项中，企业结算职工薪酬的相关会计处理正确的是（　　）。

  A. 代扣个人所得税时：
    借：其他应付款　　　　　　　　　　　　　　　　1.5
      贷：应交税费——应交个人所得税　　　　　　　　1.5
  B. 代扣为职工垫付的房租时：
    借：应付职工薪酬　　　　　　　　　　　　　　　0.5
      贷：应收账款　　　　　　　　　　　　　　　　　0.5
  C. 代扣个人所得税时：
    借：应付职工薪酬　　　　　　　　　　　　　　　1.5
      贷：应交税费——应交个人所得税　　　　　　　　1.5
  D. 代扣为职工垫付的房租时：
    借：应付职工薪酬　　　　　　　　　　　　　　　0.5
      贷：其他应收款　　　　　　　　　　　　　　　　0.5

【答案】CD

【解析】

企业代扣代缴个人所得税时：
借：应付职工薪酬　　　　　　　　　　　　　　　　　1.5
  贷：应交税费——应交个人所得税　　　　　　　　　　1.5
为职工垫付房租时：
借：其他应收款　　　　　　　　　　　　　　　　　　0.5
  贷：银行存款　　　　　　　　　　　　　　　　　　　0.5
代扣为职工垫付的房租时：

借：应付职工薪酬　　　　　　　　　　　　　　　　　　　　　　　　0.5
　　　　贷：其他应收款　　　　　　　　　　　　　　　　　　　　　　　　　0.5
（2）根据资料（2）下列各项中，企业发放非货币性福利会计处理结果正确的是（　　）。
　　A. 发放非货币性福利时，借记"应付职工薪酬——非货币性福利"账户50万元
　　B. 发放非货币性福利时确认收入，贷记"主营业务收入"账户50万元
　　C. 确认非货币性福利时，借记"生产成本"账户58.5万元
　　D. 发放非货币性福利时结转成本，借记"主营业务成本"账户58.5万元
【答案】BC
【解析】根据资料（2），相关的会计处理如下：
　　借：生产成本　　　　　　　　　　　　　　　　　　　　　　　　　　58.5
　　　　贷：应付职工薪酬——非货币性福利　　　　　　　　　　　　　　　58.5
　　借：应付职工薪酬——非货币性福利　　　　　　　　　　　　　　　　58.5
　　　　贷：主营业务收入　　　　　　　　　　　　　　　　　　　　　　　50
　　　　　　应交税费——应交增值税（销项税额）　　　　　　　　　　　　8.5
　　借：主营业务成本　　　　　　　　　　　　　　　　　　　　　　　　　40
　　　　贷：库存商品　　　　　　　　　　　　　　　　　　　　　　　　　　40
（3）根据资料（3），下列各项中，企业分配工资的相关会计处理结果正确的是（　　）。
　　A. 专设销售机构人员工资，借记"销售费用"账户9万元
　　B. 车间生产人员工资，借记"生产成本"账户14万元
　　C. 车间管理人员和企业行政管理人员工资，借记"管理费用"账户7万元
　　D. 全部人员工资，贷记"应付职工薪酬"账户30万元
【答案】AD
【解析】根据资料（3），相关的会计处理如下：
　　借：生产成本　　　　　　　　　　　　　　　　　　　　　　　　　　　14
　　　　制造费用　　　　　　　　　　　　　　　　　　　　　　　　　　　　5
　　　　管理费用　　　　　　　　　　　　　　　　　　　　　　　　　　　　2
　　　　销售费用　　　　　　　　　　　　　　　　　　　　　　　　　　　　9
　　　　贷：应付职工薪酬　　　　　　　　　　　　　　　　　　　　　　　　30
（4）根据资料（1）~（4），下列各项中，关于职工薪酬的表述正确的是（　　）。
　　A. 为职工代垫的房租不属于职工薪酬
　　B. 计提的住房公积金属于其他长期职工福利
　　C. 计提的基本医疗保险费属于短期薪酬
　　D. 计提的基本养老保险费属于短期薪酬
【答案】AC
【解析】选项A，为职工代垫的款项不属于职工薪酬核算的范围；选项B，计提的住房公积金属于短期薪酬；选项D，计提的养老保险属于离职后福利。
（5）根据期初资料和资料（1）~（4），下列各项中，甲企业2016年12月31日资产负债表中"应付职工薪酬"项目的期末余额是（　　）万元。

A. 56.55   B. 106.55
C. 96.55   D. 115.05

【答案】A

【解析】"应付职工薪酬"项目的期末余额 = 33 − 33 + 58.8 − 58.5 + (14 + 5 + 2 + 9) + (17.7 + 8.85) = 5 655（万元）。

第十一章

非流动负债的核算

知识点梳理

非流动负债指偿还期在1年以上或者超过1年的一个营业周期以上的负债。

主要包括长期借款、应付债券和长期应付款等。

非流动负债具有以下特点：债务金额大；偿还期限长；利息一般按年支付，债务本金可以一次偿还或者分期偿还；与发行股票融资相比，不会影响企业的控制权。

长期借款指企业向银行或其他金融机构借入的偿还期在1年以上（不含1年）的各种借款。

应付债券指企业为筹集（长期）资金而发行的偿还期限超过一年（不含一年）的债券。

借款费用指企业因借款而发生的利息及其他相关成本。借款费用包括以下内容：借款利息；因借款产生的折价或者溢价的摊销；辅助费用；因外币借款而发生的汇兑差额；承租人确认的融资租赁发生的融资费用。

长期应付款指企业除长期借款和应付债券以外的其他各种长期应付款项，包括应付融资租入固定资产的租赁费、具有融资性质的延期付款购买资产发生的应付款项等。

复习思考题

1. 什么是长期借款？长期借款如何核算？

2. 什么是实际利率法？实际利率法下应付债券的摊余成本如何计算？利息费用如何计算？

3. 什么是借款费用？借款费用资本化的条件有哪些？

4. 什么是长期应付款？长期应付款包含哪些内容？

5. 融资租赁判断的标准是什么？

自 测 题

一、单项选择题

1. 凯龙公司于 2016 年 1 月 1 日发行面值 1 000 万元，票面利率 5%，4 年期，分期付息，一次还本债券。债券发行实际收入 965 万元，不考虑相关税费，经计算实际利率 6%。2017 年 12 月 31 日，就该项应付债券应确认的利息费用为（　　）万元。（计算结果保留两位小数）

   A. 57.9　　　　　　　　　　　　B. 58.37
   C. 50　　　　　　　　　　　　　D. 8.37

2. 凯龙公司于 2017 年 1 月 1 日对外发行 3 年期、面值为 1 000 000 元的公司债券，债券票面年利率为 6%，到期一次还本付息，发行价格为 1 049 020 元。公司按实际利率法确认利息费用，实际利率为 4%。2017 年 12 月 31 日该债券的账面余额为（　　）元。

   A. 1 060 000　　　　　　　　　　B. 1 041 961
   C. 1 090 981　　　　　　　　　　D. 1 109 020

3. 2016 年 1 月 1 日，凯龙公司取得专门借款 2 000 万元，直接用于当日开工建造的厂房，2016 年累计建造支出 1 800 万元。2017 年 1 月 1 日，该公司取得一般借款 500 万元，年利率为 6%，当天发生建造支出 300 万元，以借入款项支付（凯龙公司无其他一般借款）。不考虑其他因素，凯龙公司按季计算利息费用资本化金额。2017 年第一季度该公司应予以资本化的一般借款利息费用为（　　）万元。

   A. 1.5　　　　　　　　　　　　　B. 3
   C. 4.5　　　　　　　　　　　　　D. 7.5

4. 2016 年 1 月 1 日，凯龙公司从银行取得 3 年期专门借款开工兴建一栋办公楼。2017 年 6 月 30 日该办公楼达到可使用状态并投入使用，7 月 31 日验收合格，8 月 5 日办理竣工决算，8 月 31 日完成资产移交手续。凯龙公司该项专门借款费用在 2017 年停止资本化的时点为（　　）。

   A. 6 月 30 日　　　　　　　　　　B. 7 月 31 日
   C. 8 月 5 日　　　　　　　　　　D. 8 月 31 日

5. 凯龙公司 2016 年 1 月 1 日从银行借入 3 年期一次还本付息借款 100 万元，合同利率 3%，实际利率 4%，为取得借款发生手续费 30 990 元。2016 年年末，"长期借款"账户的余额为（　　）元。

   A. 1 007 770.4　　　　　　　　　B. 1 072 229.6
   C. 977 770.4　　　　　　　　　　D. 972 253

6. 企业购建固定资产过程中发生非正常中断且时间较长（超过 3 个月），在此期间发生的借款费用应计入（　　）。

   A. 固定资产成本　　　　　　　　B. 当期损益
   C. 在建工程　　　　　　　　　　D. 开办费

7. 购入固定资产超过正常信用条件延期支付价款（如分期付款购买固定资产），实质上具有融资性质的，应按所购固定资产购买价款的现值，借记"固定资产"科目或"在建工程"科目，按应支付的金额，贷记"长期应付款"科目，按其差额，借记的会计科目是（　　）。

　　A. "未确认融资费用"　　　　　　B. "财务费用"
　　C. "递延收益"　　　　　　　　　D. "营业外支出"

8. 凯龙公司2017年1月1日购入大型设备一台，设备的总价款为3 000万元，分3年等额支付，每年12月31日支付款项。另支付运杂费50万元，设备不需要安装，已投入使用。假定公司按照3年期银行借款年利率6%为折现率（年限为3年，利率为6%的复利现值系数为0.839；年限为3年，利率为6%的年金现值系数为2.673），不考虑增值税等其他因素，2017年1月1日该设备的入账价值为（　　）万元。

　　A. 3 050　　　　　　　　　　　B. 3 000
　　C. 2 673　　　　　　　　　　　D. 2 723

真题呈现

1. 2014年7月1日，甲公司为扩大生产按面值发行3年期、到期一次还本付息、票面利率为5%（不计复利）的债券，该债券已于当日全部售出，其面值为1 000万元，票面利率等于实际利率，2014年12月31日应付债券的账面余额为（　　）万元。（2015年初会）

　　A. 1 000　　　　　　　　　　　B. 75
　　C. 1 050　　　　　　　　　　　D. 1 025

【答案】D

【解析】应付债券的账面余额=1 000+1 000×5%×6/12=1 025（万元）。

二、多项选择题

1. 下列项目中，属于非流动负债的有（　　）。
　　A. 长期借款　　　　　　　　　　B. 应付票据
　　C. 应付债券　　　　　　　　　　D. 长期应付款

2. 企业发生的各种借款费用，根据不同情况，可能借记的会计账户有（　　）。
　　A. 财务费用　　　　　　　　　　B. 在建工程
　　C. 长期待摊费用　　　　　　　　D. 开发支出

3. 按照现行会计准则规定，下列属于资产负债表"非流动负债"类项目的有（　　）。
　　A. 长期借款　　　　　　　　　　B. 专项应付款
　　C. 应付债券　　　　　　　　　　D. 长期应付款

4. 借款费用包括（　　）。
　　A. 借款利息　　　　　　　　　　B. 外币借款的汇兑差额
　　C. 溢价或折价的摊销　　　　　　D. 溢价或折价

5. 下列各项中，属于长期应付款核算的有（　　）。

A. 应付融资租入固定资产租赁费

B. 应付经营租入固定资产租赁费

C. 应付出租包装物的押金

D. 具有融资性质分期付款购入无形资产的应付款项

6. 下列关于借款费用的表述中，不正确的有（   ）。

A. 符合资本化条件的资产，是指需要经过1年以上时间的购建或生产活动才能达到预定使用或可销售状态的资产

B. 为无形资产研发而发生的借款费用，应当在发生时直接计入财务费用

C. 可直接归属于符合资本化条件的资产的购建或生产的借款费用，应当予以资本化，计入相关资产成本

D. 购入后需要安装的资产，属于符合资本化条件的资产

7. 下列各项中，不应暂停借款费用资本化的有（   ）。

A. 因重大安全事故导致固定资产建造活动连续中断超过3个月

B. 因事先无法预见的不可抗力因素导致固定资产建造活动连续中断超过3个月

C. 因施工质量例行检查导致固定资产建造活动连续中断超过3个月

D. 因可预见的不可抗力因素导致固定资产建造活动连续中断超过3个月

8. 下列关于企业发行可转换公司债券会计处理的表述中，正确的有（   ）。

A. 将负债成分确认为应付债券

B. 将权益成分确认为其他权益工具

C. 按债券面值计量负债成分初始确认金额

D. 按公允价值计量负债成分初始确认金额

9. 下列关于借款费用资本化的表述中，正确的有（   ）。

A. 所建造购建固定资产的支出基本不再发生，应停止借款费用的资本化

B. 固定资产建造中发生正常中断且连续超过3个月的，应暂停借款费用资本化

C. 固定资产建造中发生非正常中断且连续超过1个月的，应暂停借款费用资本化

D. 所建造固定资产基本达到设计要求，不影响正常使用，应停止借款费用资本化

10. 2017年1月1日，凯龙公司与乙公司签订一项购货合同，从乙公司购入一台需要安装的大型机器设备，合同约定采用分期付款方式支付价款。该设备价款共计900 000元，首付款150 000元于2017年1月1日支付，其余款项分5年于2017—2021年每年末平均支付。2017年1月1日，设备运抵并开始安装，发生运杂费和相关税费160 000元，后又发生各项安装费40 000元。2017年12月31日，设备达到预定可使用状态。凯龙公司按照合同约定如期支付了款项。假定折现率为10%，（P/A，10%，5）=3.7908。不考虑其他因素，下列计量正确的有（   ）。

A. 固定资产的入账价值为918 620元

B. 2017年1月1日长期应付款的入账金额为750 000元

C. 2017年未确认融资费用摊销的金额为56 862元

D. 2017年1月1日计算的未确认融资费用金额为181 380元

真题呈现

1. 下列各项中，关于长期借款利息费用会计处理表述正确的有（　　）。（2017年初会）
   A. 筹建期间不符合资本化条件的借款利息费用计入管理费用
   B. 生产经营期间不符合资本化条件是借款利息计入财务费用
   C. 为购建固定资产发生的符合资本化条件的借款利息费用计入在建工程
   D. 为购建厂房发生的借款利息费用在所建厂房达到预定可使用状态后的部分计入管理费用

【答案】ABC
【解析】选项D，构建厂房发生的借款利息达到预定可使用状态后的部分计入财务费用。

三、判断题

1. 对于到期一次还本付息的债券，企业每期计提的利息，应当计入"应付利息"账户。（　　）
2. 在资产负债表日，企业应按长期借款的摊余成本和实际利率计算确定利息费用。（　　）
3. "长期借款"与"短期借款"相同，使用时既要核算借款本金，又要核算借款利息。（　　）
4. 企业向银行或其他金融机构借入的各种款项所发生的利息均计入"财务费用"。（　　）
5. 长期借款应该按照公允价值进行初始计量，采用摊余成本进行后续计量。（　　）
6. 企业债券应付利息的计算公式为：企业应付债券利息＝应付债券摊余成本×实际利率×期限。（　　）
7. 对于一次还本付息的债券，应于资产负债表日按摊余成本和实际利率计算确定的债券利息费用，借记"财务费用"等账户，按票面利率计算确定的应付未付利息，贷记"应付债券——应计利息"账户，按其差额，借记或贷记"应付债券——利息调整"账户。（　　）
8. 企业进行债券溢价摊销，对发行方来讲是调整减少各期利息费用，对投资方来讲是调整增加各期利息费用。（　　）
9. 采用实际利率法对应付债券折价进行摊销，由于未摊销折价逐期减少，因而计算出来的利息费用也逐期减少。（　　）
10. 只有当购建的固定资产交付使用时，所发生的借款费用才停止资本化。（　　）
11. 在资本化期间内，外币专门借款本金及利息的汇兑差额应予资本化。（　　）
12. 资本化期间，是指从借款费用开始资本化时点到停止资本化时点的期间，借款费用暂停资本化的期间也包括在内。（　　）
13. 企业购建符合资本化条件的资产而取得专门借款支付的辅助费用，应当在支付当期全部予以资本化。   (   )

14. 专门借款实际发生的借款利息减去闲置资金的利息收入或投资收益后的金额应全部资本化。   (   )

15. 购买固定资产的价款超过正常信用条件延期支付，实质上具有融资性质的，固定资产的成本以购买价款的总额确定。   (   )

真题呈现

1. 企业购入设备发生的具有融资性质的超期支付的价款，应确认为长期应付款。(   )。（2015年初会）

【答案】对

【解析】企业购入资产超过正常信用条件延期付款实质具有融资性质时，应按购买价款的现值，借记"固定资产"、"在建工程"等账户，按应支付的价款总额，贷记"长期应付款"账户，按其差额借记"未确认融资费用"账户。

四、实务题

实务题一

一、目的：练习长期借款的核算。

二、资料：凯龙公司于2017年1月1日从银行借入专门借款400万元，用于购建生产经营用固定资产，借款期限为三年，年利率为5%，到期一次还本，每年利息于次年的1月6日支付，所借款项已存入银行，公司用该借款于当日购买设备一台，价款为300万元，增值税税额为51万元，设备已于当日投入安装。2017年12月31日设备安装完毕达到预定可使用状态，共支付安装费用50万元。该固定资产预计使用5年，预计净残值为5万元，采用年数总和法计提折旧。

三、要求：

（1）编制长期借款借入、按年计提利息、各年支付利息和到期归还本金的会计分录。

（2）编制设备购买、安装、投入使用、各年计提折旧的会计分录。

实务题二

一、目的：练习公司债券的核算。

二、资料：凯龙公司于 2016 年 1 月 1 日发行每张面值为 100 元、票面利率为 6%、期限为 3 年的债券 10 000 张，该债券到期还本，分期付息，付息日为次年的 1 月 1 日。发行当日收到全部发行款 1 055 500 元并存入银行，该债券的实际利率为 4%。债券筹集资金当期全部用于某建设项目，项目将于 2017 年末完工，假设项目建设期间计提的利息费用均符合资本化条件。

三、要求：

(1) 编制债券发行的会计分录。

(2) 编制各年年末债券计息及利息调整的会计分录。

(3) 编制各期债券付息、债券到期还本的会计分录。

实务题三

一、目的：练习专门借款、一般借款费用的计算及核算。

二、资料：凯龙公司于 2016 年 1 月 1 日动工兴建一栋厂房，工程采用出包方式，每半年支付一次工程进度款。工程于 2017 年 6 月 30 日完工，达到预计可使用状态。

（1）建造工程资产支出如下：①2016 年 1 月 1 日，支出 6 000 万元；②2016 年 7 月 1 日，支出 4 000 万元，累计支出 10 000 万元；③2017 年 1 月 1 日，支出 3 000 万元，累计支出 13 000 万元。

（2）凯龙公司为建造厂房于 2016 年 1 月 1 日专门借款 5 000 万元，借款期限为 3 年，年利率为 8%，按年支付利息。除此之外，无其他专门借款。

（3）办公楼的建造还占用两笔一般借款：

①从农业银行取得长期借款 4 000 万元，期限为 2015 年 12 月 1 日至 2018 年 12 月 1 日，年利率为 6%，按年支付利息。

②按面值发行公司债券 2 亿元，发行日为 2015 年 1 月 1 日，期限为 5 年，年利率为 8%，按年支付利息。

（4）闲置专门借款资金用于固定收益债券临时性投资，暂时性投资月收益率为 0.5%。

三、要求：

（1）计算 2016 年和 2017 年专门借款利息资本化金额。

（2）计算 2016 年和 2017 年一般借款利息资本化金额（百分位后保留两位小数）。

（3）编制 2016 年和 2017 年与利息资本化金额有关的会计分录。

真题呈现

1. 2014 年年初，某公司短期借款、长期借款、应付债券账户均无余额。该公司 2014—2015 年发生有关经济业务如下：

（1）2014 年 3 月 31 日，从中国银行借入 2 年期、年利率 6%、到期一次还本付息不计复利的长期借款为 200 万元，当日用于购买一台不需要安装的设备。

（2）2015 年 6 月 30 日，从工商银行借入期限为 3 个月、年利率为 3.6%、到期一次还本付息的短期周转借款 100 万元。

（3）2015 年 7 月 1 日按面值发行债券 500 万元，3 年期，到期一次还本付息，年利率为 6%（不计复利），票面利率等于实际利率。发行债券款项于当日全部用于购买建造厂房所需工程物资，厂房已于 2015 年 1 月 1 日动工，预计两年后达到预定可使用状态。

（4）2015 年 9 月 30 日，归还短期借款本息。

要求：根据上述资料，不考虑其他因素，分析回答下列问题。
（答案中金额单位用万元表示）（2016 年初会）

（1）根据资料（1），下列各项中，该公司按月计提长期借款利息，会计处理正确的是（　　）。

  A. 借：在建工程　　　　　　　　　　　　　　　12
    贷：应付利息　　　　　　　　　　　　　　　　　12
  B. 借：财务费用　　　　　　　　　　　　　　　12
    贷：长期借款——应计利息　　　　　　　　　　　12
  C. 借：财务费用　　　　　　　　　　　　　　　12
    贷：应付利息　　　　　　　　　　　　　　　　　12
  D. 借：在建工程　　　　　　　　　　　　　　　12
    贷：长期借款——应计利息　　　　　　　　　　　12

【答案】B

【解析】长期借款所发生的利息支出应计入财务费用，由于是到期一次还本付息，所以应计入"长期借款——应计利息"账户。

（2）根据资料（2），下列各项中，该公司 2015 年 7 月 31 日预提短期借款利息，下列处理正确的有（　　）。

  A. 财务费用增加 0.3 万元　　　　B. 短期借款增加 0.3 万元
  C. 应付利息增加 0.3 万元　　　　D. 银行存款减少 0.3 万元

【答案】AC

【解析】7 月份应计提的利息金额 = 100 × 3.6% ÷ 12 = 0.3（万元）。

（3）根据资料（1）~（2），关于从银行借入资金对该公司财务状况及经营结果的影响，表述正确的有（　　）。

  A. 计提长期借款利息，引起营业利润的减少
  B. 计提长期借款利息，引起长期借款账面价值的增加
  C. 计提短期借款利息，不会引起短期借款账面价值的增加

D. 计提短期借款利息，引起营业利润减少

【答案】ABCD

【解析】公司借入长期借款购买一台不需安装的设备，由于长期借款到期一次还本付息，计提利息时，引起长期借款账面价值的增加、财务费用的增加、营业利润的减少；短期借款预提利息通过应付利息核算，不影响短期借款账面价值。短期借款利息属于筹资费用，应当在发生时计入当期财务费用，引起营业利润的减少。故A、B、C、D均正确。

（4）根据资料（3），下列各项中，2015年12月31日，该公司计提债券利息的会计处理正确的有（ ）。

A. 应付债券增加15万元　　　　B. 应付利息增加15万元
C. 在建工程增加15万元　　　　D. 财务费用增加15万元

【答案】AC

【解析】计提债券利息时：

借：在建工程　　　　　　　　　　　　　　　　　　　　　　　15
　　贷：应付债券——应计利息　　　　　　　　　　　　　　　　　　15

（5）根据期初资料（1）~（4），2015年12月31日，该公司资产负债表的项目余额正确的是（ ）。

A. 短期借款项目为100万元　　　B. 应付债券项目为500万元
C. 应付债券项目为515万元　　　D. 长期借款项目为221万元

【答案】CD

【解析】短期借款项目=0（万元）；应付债券项目=500+15=515（万元）；长期借款项目=200+200×6%×(1+9÷12)=221（万元）。

第十二章

所有者权益的核算

知识点梳理

所有者权益是企业所有者对企业净资产的所有权,在数量上它等于企业全部资产减去全部负债后的余额。所有者权益按其形成来源分为:所有者投入的资本,包括股本(实收资本)及股本溢价(资本溢价);直接计入所有者权益的利得和损失(其他综合收益);留存收益,主要包括计提的盈余公积和未分配利润。

所有者权益的特征:与企业的关系不同;偿还的期限不同;享受的权利不同。

实收资本是企业按照章程规定或合同、协议约定,接受投资者投入企业的资本。实收资本的构成比例,或者股东的股份比例,是确定所有者在企业所有者权益中份额的基础,也是企业进行利润或股利分配的主要依据。

投资者可以以货币出资,也可以以实物、知识产权、土地使用权等可以用货币估价并可以依法转让的非货币财产作价出资;但是,法律、行政法规规定不得作为出资的财产除外。

企业应当对作为出资的非货币财产评估作价,核实财产,不得高估或者低估作价。法律、行政法规对评估作价有规定的,从其规定。

我国目前实行的是注册资本制度,要求企业进行生产经营活动必须首先在工商行政管理部门登记注册。

注册资本,是指企业在设立时向工商行政管理部门登记的资本总额,即全部投资者设定的出资额。注册资本是企业的法定资本,是企业承担民事责任的财力保证。

股份有限公司的设立有两种方式,即发起式和募集式。采取发起式设立的,首次出资额不得低于注册资本的20%,其余部分由发起人自公司成立之日起2年内缴足,但投资公司可以在5年内缴足。采取募集式设立的,注册资本为在公司登记机关登记的实收股本总额。

有限责任公司股东的首次出资额不得低于注册资本的20%,也不得低于法定的注册资本的最低限额,其余部分由股东自公司成立之日起2年内缴足。

投资者必须足额缴纳注册资本金,不得擅自改变注册资本金或抽逃资金。在企业成立后,有抽逃行为的,由工商行政管理部门责令改正,处以所抽逃出资金5%以上15%以下的罚款。构成犯罪的,依法追究刑事责任。

公司增加注册资本的,有限责任公司股东认缴新增资本的出资和股份有限公司的股东认购新股,应当分别按照《公司法》的有关规定执行。股份有限公司以公开发行新股方式或者上市公司以非公开发行新股方式增加注册资本的,还应当提交国务院证券监督管理机构的核准文件。公司变更实收资本的,应当提交依法设立的验资机构出具的验资证明,并应当按照公司章程载明的出资时间、出资方式缴纳出资。公司应当自足额缴纳出资或者股款之日起30日内申请变更登记。公司法定公积金转增为注册资本的,所留存的该项公积金不得少于转增前公司注册资本的25%。

非股份制企业对投资者投入资本的核算,应设置"实收资本"账户。该账户属于所有者权益类账户,贷方反映实际收到投资者缴付的资本,借方反映按法定程序减资时的注册资本,贷方余额表示实收资本总额。为了反映每个投资者投入资本的实际情况,该账户应按投资者设置明细账,进行明细分类核算。

股份制企业对股东投入资本的核算,应设置"股本"账户。该账户属于所有者权益类账户,贷方登记公司按核定的股份总额发行的股票面值总额,借方登记依法批准减少的股份数额,贷方余额表示公司所拥有的股份总额。该账户下应按投资者设置明细账,进行明细分类核算。

企业在资本过剩或发生重大亏损的情况下,可以按规定程序报经批准后减少实收资本。企业因资本过剩而减资,一般还要发还投资款。有限责任公司和一般企业发还投资款的会计处理比较简单,按法定程序报经批准减少注册资本时,借记"实收资本"账户,贷记"库存现金"、"银行存款"等账户。股份有限公司由于采用的是发行股票的方式筹集股本,发还股款时,则要回购发行的股票。由于发行股票时股票的价格与股票面值可能不同,回购股票的价格也可能与发行价格不同,所以,会计处理比较复杂。

股份有限公司回购股票的核算,应通过"库存股"账户进行。该账户属于所有者权益类账户,用于核算企业回购、转让或注销本公司股份金额。该账户借方登记企业回购的本公司股份;贷方登记转让或注销的库存股;期末借方余额反映企业持有尚未转让或注销的库存股。该账户余额在资产负债表上列为所有者权益的减项。

股份有限公司采用回购本公司股票方式减资的,回购股票时,按注销股票的面值总额减少股本,回购股票支付的价款超过面值总额的部分依次减少资本公积、盈余公积和未分配利润,若回购股票支付的价款低于面值总额,其差额增加资本公积。

资本公积是企业收到的投资者的超出其在企业注册资本所占份额,以及直接计入所有者权益的利得和损失等。其中,资本溢价或股本溢价是企业收到投资者的超出其在企业注册资本(或股本)中所占份额的投资。形成资本溢价或股本溢价的原因有溢价发行股票和投资者超额缴入资本等;直接计入所有者权益的利得和损失是指不应计入当期损益、会导致所有者权益发生增减变动的、与所有者投入资本或向所有者分配利润无关的利得或损失。从本质上看,资本公积实际上也是投资者向企业投入的资本,具有资本的属性,但它们却不通过"实收资本"账户核算。这是因为"实收资本"账户的核算内容有其特定的含义,该账户的余额应与企业登记的注册资本保持一致。企业登记的注册资本在未办理法定增资或减资手续前不能随意改变,因此日常引起的资本增减则不应通过"实收资本"账户进行调整,而应作为资本公积通过单独设置的"资本公积"账户进行核算。实际上,资本公积的唯一用途就是在办理法定增资手续以后转增资本,计入"实收资本"账户。可见,资本公积是一种准资本或储备资本。

资本公积主要包括四大部分,即:资本溢价和股本溢价、资产评估增值、接受捐赠资产、外币资本折算差额。

资本公积从来源上细分，可确定为五项，即：资本溢价或股本溢价、资产评估增值、非现金资产股权投资、权益法核算股权投资产生的资本公积、外币资本折算差额。

资本公积有以下特点：

（1）资本公积是投资者或他人投入到企业、所有权归属于投资者、并且金额上超过注册资本部分的资本或者资产。

（2）资本公积不属于法定资本。

根据《公司法》的规定，资本公积和盈余公积转为资本时，所留存的该项公积金不得少于转增前公司注册资本的25%。经股东大会或类似机构决议，用资本公积转增资本时，应冲减资本公积，同时，按照转增前的实收资本（或股本）结构或比例，将转增的金额记入"实收资本"或"股本"账户下各所有者的明细分类账。

其他综合收益是指企业根据企业会计准则规定未在损益中确认的各项利得和损失扣除所得税影响后的净额。

其他综合收益的主要内容：

（1）可供出售金融资产的公允价值变动导致的其他综合收益的增加或减少。

（2）确认按照权益法核算的在被投资单位其他综合收益中所享有的份额导致的其他资本公积的增加或减少。

（3）计入其他资本公积的现金流量套期工具利得或损失中属于有效套期的部分，以及其后续的转出。

（4）境外经营外币报表折算差额的增加或减少。

（5）与计入其他综合收益项目相关的所得税影响。

（6）其他。

不属于其他综合收益的情况：

（1）所有者资本投入导致的实收资本（或股本）与资本公积（资本溢价）的增加。

（2）当期实现净利润导致的所有者权益的增加，以及利润分配导致的所有者权益相关项目的减少。

（3）同一控制下企业合并，合并方在企业合并中取得的净资产账面价值与支付的合并对价账面价值（或发行股份面值总额）的差额，调整资本公积或留存收益而导致的所有者权益的增减变动。

（4）在编制合并报表时按照权益法核算的子公司除净损益和其他综合收益以外所有者权益的其他变动导致投资单位相应确认的"其他资本公积"的增减变动。

（5）以权益结算的股份支付，在确认成本费用时相应增加"其他资本公积"，以及在行权日减少"其他资本公积"和确认的"资本溢价"导致的资本公积的变动。

（6）减资导致的所有者权益的减少。

（7）高危行业企业按照国家规定提取和使用安全生产费，导致所有者权益项目"专项储备"的增加或减少。

（8）其他权益性交易导致的所有者权益的增减变动。

留存收益是指企业从历年实现的净利润中提取或形成的企业的内部积累，包括盈余公积和未分配利润。留存收益和投资者投入的资本属性一致，即均为所有者权益。但与投入资本不同的是，留存收益不是由投资者直接投入的，而是依靠公司经营所得的盈利累积而形成的，属于企业经营过程中的资本增值。

留存收益的目的是保证企业实现的净利润有部分留存在企业，而不是全部分配给投资者，这样做一方面可以满足企业维持或扩大生产经营活动的资金需要；另一方面可以保证企业有足够的资金弥补以后年度可能出现的亏损，同时可以避免企业稍有盈余即分尽吃光等短期行为。

未分配利润有两层含义：一是留待以后年度处理的利润；二是未指定特定用途的利润。从数量上来说，未分配利润是期初未分配利润，加上本期实现的税后利润，减去提取的盈余公积和向投资者分出利润后的余额。

复 习 思 考 题

1. 所有者权益和负债有何区别？

2. 股票融资有何优缺点？

3. 比较有限责任公司和股份有限公司在实收资本方面的异同。

4. 留存收益的内容有哪些？各有什么用途？

5. 资本公积的内容有哪些？各自如何核算？它同实收资本和盈余公积有何联系与区别？

自 测 题

一、单项选择题

1. 下列各项，能够引起企业所有者权益减少的是（　　）。
   A. 股东大会宣告派发现金股利　　B. 以资本公积转增资本
   C. 提取法定盈余公积　　　　　　D. 提取任意盈余公积
2. 2016年1月1日某企业所有者权益情况如下：实收资本200万元，资本公积17万元，盈余公积38万元，未分配利润32万元。则该企业留存收益为（　　）万元。
   A. 32　　　　　　　　　　　　　B. 38
   C. 70　　　　　　　　　　　　　D. 87
3. 下列各项中，会引起留存收益总额发生增减变动的是（　　）。
   A. 盈余公积转增资本　　　　　　B. 盈余公积补亏
   C. 资本公积转增资本　　　　　　D. 用税后利润补亏
4. 企业增资扩股时，投资者实际缴纳的出资额大于其按约定比例计算的注册资本中所占的份额部分应作为（　　）。
   A. 资本溢价　　　　　　　　　　B. 实收资本
   C. 盈余公积　　　　　　　　　　D. 营业外收入
5. 以法定盈余公积转增股本时，转增后的盈余公积以不少于注册资本的（　　）为限。

A. 50% B. 30%
C. 25% D. 40%

6. 某公司委托证券公司发行股票1 000万股，每股面值1元，每股发行价格8元，向证券公司支付佣金50万元，该公司应贷记"资本公积——资本溢价"账户的金额为（　　）元。

　　A. 6 900 B. 7 050
　　C. 6 950 D. 7 000

7. 股份有限公司采用收购本公司股票方式实现减资，按照注销股票的面值总额减少股本，购回股票支付的价款超过面值总额的部分，应冲减的顺序依次是（　　）。

　　A. 资本公积、盈余公积、未分配利润 B. 未分配利润、盈余公积、资本公积
　　C. 盈余公积、资本公积、未分配利润 D. 盈余公积、未分配利润、资本公积

8. 下列各项中，能同时引起资产和所有者权益发生增减变化的有（　　）。

　　A. 分配股票股利 B. 接受现金捐赠
　　C. 用盈余公积弥补亏损 D. 投资者投入的现金

9. 下列各项，能够引起所有者权益总额变化的是（　　）。

　　A. 以资本公积转增资本 B. 增发新股
　　C. 向股东支付已宣告分派的现金股利 D. 以盈余公积弥补亏损

10. 乙公司2010年成立，成立当年发生亏损120万元，2011—2016年分别实现税前利润10万元、20万元、15万元、30万元、35万元、50万元。公司适用的所得税税率为25%。假定不考虑其他纳税调整事项，则2016年末，乙公司的未分配利润余额应为（　　）万元。

　　A. 40 B. 27.5
　　C. 160 D. 50

真题呈现

1. 某股份有限公司首次公开发行普通股6 000万股，每股价值1元，每股发行价格3元，发生手续费、佣金等500万元，该项业务应计入资本公积的金额为（　　）万元。（2013年初会）

　　A. 11 500 B. 12 000
　　C. 12 500 D. 17 500

【答案】A
【解析】发行股票的会计分录如下：
借：银行存款　　　　　　　　　　　　　　　　　　　　　　　　18 000
　　贷：股本　　　　　　　　　　　　　　　　　　　　　　　　　6 000
　　　　资本公积——股本溢价　　　　　　　　　　　　　　　　12 000
支付手续费用、佣金：
借：资本公积——股本溢价　　　　　　　　　　　　　　　　　　500

贷：银行存款　　　　　　　　　　　　　　　　　　　　　　　　　500

2. 某股份有限公司委托证券公司代理发行普通股 2 000 万股，每股面值 1 元，发行价格为每股 4 元。证券公司按发行收入的 2% 收取手续费，该公司因此项业务应计入资本公积的金额为（　　）万元。（2015 年初会）

　　A. 5 840　　　　　　　　　　　　　　B. 5 960
　　C. 6 000　　　　　　　　　　　　　　D. 5 880

【答案】A

【解析】发行股票支付的手续费 = 2 000 × 4 × 2% = 160（万元）；发行股票相关的手续费等交易费用，在溢价发行时，应从溢价中扣除，冲减资本公积。所以计入资本公积的金额 = 2 000 × 4 - 2 000 - 160 = 5 840（万元）。

3. 2014 年年初某企业"利润分配——未分配利润"账户借方余额为 20 万元，2014 年度该企业实现净利润为 160 万元，根据净利润的 10% 提取盈余公积。2014 年年末该企业可供分配利润的金额为（　　）万元。（2015 年初会）

　　A. 140　　　　　　　　　　　　　　　B. 124
　　C. 126　　　　　　　　　　　　　　　D. 160

【答案】A

【解析】2014 年年末该企业的可供分配利润的金额 = -年初未弥补亏损 + 本年实现的净利润 + 其他转入 = -20 + 160 + 0 = 140（万元）。

4. 某公司年初资本公积为 1 500 万元，本年已入账可供出售金融资产公允价值增值净额 200 万元；经股东大会批准，用资本公积转增资本 300 万元。不考虑其他因素，该公司年末的资本公积为（　　）万元。（2016 年中会）

　　A. 1 700　　　　　　　　　　　　　　B. 1 500
　　C. 1 200　　　　　　　　　　　　　　D. 1 400

【答案】C

【解析】可供出售金融资产公允价值变动计入其他综合收益。

5. 某公司年初未分配利润为 1 000 万元，盈余公积为 500 万元；本年实现净利润 5 000 万元，分别提取法定盈余公积 500 万元、任意盈余公积 250 万元，宣告发放现金股利 500 万元。不考虑其他因素，该公司年末留存收益为（　　）万元。（2016 年初会）

　　A. 5 250　　　　　　　　　　　　　　B. 6 000
　　C. 6 500　　　　　　　　　　　　　　D. 5 750

【答案】B

【解析】留存收益包括盈余公积和未分配利润，该公司年末留存收益 = 1 000 + 500 + 5 000 - 500 = 6 000（万元）。

6. 某企业年初未分配利润贷方余额为 100 万元，本年实现的净利润为 300 万元，经股东大会批准，按净利润的 10% 和 5% 分别提取法定盈余公积和任意盈余公积，该企业期末可供投资者分配的利润为（　　）万元。（2017 年初会）

　　A. 200　　　　　　　　　　　　　　　B. 255
　　C. 355　　　　　　　　　　　　　　　D. 300

【答案】C

【解析】可供投资者分配的利润 = 可供分配的利润 – 提取的法定盈余公积 – 提取的任意盈余公积 = 100 + 300 – 300 × 10% – 300 × 5% = 355（万元）。

二、多项选择题

1. 下列项目中，属于资本公积核算的内容有（   ）。
   A. 企业收到投资者出资额超出其在注册资本或股本中所占份额的部分
   B. 直接计入所有者权益的利得
   C. 直接计入所有者权益的损失
   D. 企业收到投资者的出资额

2. 下列各项中，属于企业留存收益的有（   ）。
   A. 法定盈余公积　　　　　　B. 任意盈余公积
   C. 资本公积　　　　　　　　D. 未分配利润

3. 下列各项中，仅影响所有者权益结构发生变动的有（   ）。
   A. 用盈余公积弥补亏损　　　B. 用盈余公积转增资本
   C. 宣告分配现金股利　　　　D. 分配股票股利

4. 下列各项中，能同时引起资产和利润减少的项目有（   ）。
   A. 计提短期借款利息　　　　B. 计提行政管理部门固定资产折旧
   C. 支付超标的业务招待费　　D. 无形资产摊销

5. 盈余公积可用于（   ）。
   A. 派送新股　　　　　　　　B. 转增资本
   C. 弥补亏损　　　　　　　　D. 发放工资

6. 下列关于企业组织形式的陈述恰当的有（   ）。
   A. 公司的两种主要形式是有限责任公司和股份有限公司
   B. 有限责任公司中股东的出资不得随意撤回或转让
   C. 股份有限公司的股票可以自由转让
   D. 有限责任公司对债务承担无限连带责任

7. 以下说法中错误的有（   ）。
   A. 实收资本表示企业的投资者在注册资本金范围内实际投入企业的资金
   B. 资本公积是企业收到投资者的超出其在企业注册资本（或股本）中所占份额的投资
   C. 留存收益是指按照国家有关规定从净利润中提取的各种积累资金
   D. 未分配利润是净利润中尚未指定用途的部分

8. 企业吸收投资者出资时，下列会计账户的余额可能发生变化的有（   ）。
   A. 盈余公积　　　　　　　　B. 资本公积
   C. 实收资本　　　　　　　　D. 利润分配

9. 属于企业内部筹资来源的有（   ）。
   A. 股本　　　　　　　　　　B. 资本公积
   C. 法定盈余公积　　　　　　D. 未分配利润

10. 企业弥补亏损的来源主要有（   ）。

A. 用以后年度税前利润弥补 B. 用以前年度盈余公积弥补
C. 用以后年度税后利润弥补 D. 用以前年度未分配利润弥补

11. 下列各项中，不会引起留存收益变动的有（　　）。
A. 盈余公积补亏 B. 计提法定盈余公积
C. 盈余公积转增资本 D. 计提任意盈余公积

12. A 公司"盈余公积"年初余额是 500 万元，本年提取法定盈余公积 100 万元，提取任意盈余公积 50 万元，用盈余公积转增资本 150 万元，用盈余公积发放现金股利 60 万元，假定不考虑其他因素，以下说法中正确的有（　　）。
A. 所有者权益减少 60 万元 B. 所有者权益总额维持不变
C. 实收资本增加 150 万元 D. 留存收益减少 60 万元

13. 下列各项中，计入资本公积的有（　　）。
A. 首次投资时，投资者认缴的出资额与注册资本之间的差额
B. 可供出售金融资产公允价值变动形成的差额
C. 长期股权投资除净损益、其他综合收益和利润分配以外的所有者权益的其他变动
D. 溢价发行股票取得的收入与面值之间的差额

14. 下列各项中，不会引起所有者权益总额发生增减变动的有（　　）。
A. 当期发生净亏损 B. 实际发放股票股利
C. 盈余公积转增资本 D. 注销库存股

15. 下列各项中，会减少企业留存收益的有（　　）。
A. 计提法定盈余公积 B. 发放股票股利
C. 盈余公积转增资本 D. 税后利润弥补亏损

真题呈现

1. 下列各项中，会引起负债和所有者权益同时发生变动的有（　　）。（2011 年初会）
A. 以盈余公积补亏 B. 以现金回购本公司股票
C. 宣告发放现金股利 D. 转销确实无法支付的应付账款
【答案】CD

2. 企业发生的下列交易或事项中，可能对其他综合收益项目产生影响的有（　　）。（2012 年初会）
A. 股份有限公司注销回购的库存股
B. 处置采用权益法核算的长期股权投资
C. 将持有至到期投资重分类为可供出售金融资产
D. 可供出售金融资产公允价值变动（非减值）形成的利得或损失
【答案】BCD
【解析】选项 A，不影响其他综合收益项目。

3. 下列各项中，会导致企业实收资本增加的有（　　）。（2015 年初会）
A. 盈余公积转增资本 B. 接受投资者追加投资

C. 资本公积转增资本　　　　　　D. 接受非流动资产捐赠

【答案】ABC

【解析】选项 D，接受捐赠记入"营业外收入"账户，不影响企业的实收资本。

4. 下列各项中，应计入资本公积的有（　　）。（2015 年初会）

　　A. 交易性金融资产的公允价值变动　　B. 投资者超额缴入的资本
　　C. 股票发行的溢价　　　　　　　　　D. 可供出售金融资产的正常公允价值变动

【答案】BC

【解析】选项 A，交易性金融资产的公允价值变动，公允价值与账面余额之间的差额计入当期损益（公允价值变动损益）；选项 D，可供出售金融资产正常的公允价值变动计入其他综合收益。

5. 下列各项中，会引起资本公积发生增减变动的有（　　）。（2015 年初会）

　　A. 接受社会捐赠非流动资产
　　B. 资产负债表日可供出售金融资产的公允价值变动
　　C. 溢价发行股票（不考虑发行的手续费）
　　D. 资本公积转增资本

【答案】CD

【解析】选项 A，接受捐赠的非流动资产计入营业外收入；选项 B，可供出售金融资产公允价值的变动计入其他综合收益；选项 C，溢价发行股票的溢价收入计入资本公积，导致资本公积增加；选项 D，资本公积转增资本，导致资本公积减少。

6. 下列各项中，属于企业留存收益的有（　　）。（2015 年初会）

　　A. 累积未分配的利润
　　B. 按股东大会决议从净利润中提取的任意盈余公积
　　C. 按规定从净利润中提取的法定盈余公积
　　D. 发行股票的溢价收入

【答案】ABC

7. 下列各项中，会引起留存收益总额发生增减变动的有（　　）。（2015 年初会）

　　A. 以盈余公积分配现金股利　　　　B. 以资本公积转增资本
　　C. 以盈余公积转增资本　　　　　　D. 提取法定盈余公积

【答案】AC

【解析】留存收益包括盈余公积和未分配利润。选项 A 导致盈余公积减少，应付股利增加；选项 B 导致资本公积减少，实收资本增加，不涉及留存收益；选项 C 导致盈余公积减少，实收资本增加；选项 D 导致盈余公积增加，未分配利润减少，一增一减，最终不影响留存收益总额。

8. 下列各项中，关于盈余公积的用途表述正确的有（　　）。（2016 年初会）

　　A. 以盈余公积转增实收资本　　　　B. 以盈余公积转增资本公积
　　C. 以盈余公积弥补亏损　　　　　　D. 盈余公积发放现金股利

【答案】ACD

【解析】企业提取的盈余公积经批准可用于弥补亏损、转增资本、发放现金股利或利润等。

三、判断题

1. 由于所有者权益和负债都是对企业资产的要求权，因此它们的性质是一样的。
（　　）
2. 用法定盈余公积转增资本或弥补亏损时，均不导致所有者权益总额的变化。（　　）
3. 用盈余公积转增资本不影响所有者权益总额的变化，但会使企业净资产减少。
（　　）
4. 企业不能用盈余公积扩大生产经营。（　　）
5. 企业接受的原材料投资，其增值税额不能计入实收资本。（　　）
6. 收入能够导致企业所有者权益增加，但导致所有者权益增加的不一定都是收入。
（　　）
7. 当企业投资者投入的资本高于其注册资本时，应当将高出部分计入营业外收入。
（　　）
8. 企业接受非现金资产投资时，应将非现金资产按投资各方确认的价值入账。对于投资各方确认的资产价值超过其在注册资本中所占份额的部分，计入营业外收入。（　　）
9. 企业年末资产负债表中的未分配利润的金额一定等于"利润分配"账户的年末余额。
（　　）
10. 资本公积反映的是企业收到的投资者出资额超过其在注册资本中所占份额的部分以及直接计入当期损益的利得和损失。（　　）
11. 存货转为采用公允价值模式计量的投资性房地产，公允价值大于账面价值的差额，应确认为资本公积——其他资本公积。（　　）
12. 如果以前年度未分配利润有盈余（即年初未分配利润余额为正数），在计算提取法定盈余公积的基数时，不应包括企业年初未分配利润；如果以前年度有亏损（即年初未分配利润余额为负数），应先弥补以前年度亏损再提取盈余公积。（　　）
13. 资本公积的主要用途是转增资本。（　　）
14. 库存股作为所有者权益的抵减项，列示在所有者权益项目中。（　　）
15. 实收资本是指公司向公司登记机关登记的出资额，即经登记机关登记确认的资本。
（　　）

真题呈现

1. 企业接受投资者以非现金资产投资时，应按投资合同或协议约定的价值确认资产的价值和在注册资本中应享有的份额，并将其差额确认为资本公积，但投资合同或协议约定的价值不公允的除外。（　　）（2014年初会）

【答案】对

四、实务题

实务题一

一、目的：练习实收资本的核算。

二、资料：凯龙公司由原投资者 A 和投资者 B 共同出资设立，每人出资 200 000 元，各占 50%的股份。经营两年后，A 和 B 投资者决定增加公司资本，此时有一新的投资者 C 要求加入凯龙公司。经有关部门批准后，凯龙公司实施增资，将实收资本增加到 900 000 元，经三方协商，一致同意完成下述投入后，三方投资各拥有凯龙公司 300 000 元实收资本，并各占凯龙公司 1/3 的股份。各投资者的出资情况如下：

（1）投资者 A 以一台设备投入凯龙公司作为增资，该设备原价 180 000 元，已提折旧 95 000 元，评估确认原价 180 000 元，评估确认净值 126 000 元。

（2）投资者 B 以一批原材料投入凯龙公司作为增资，该批材料账面价值 105 000 元，评估确认价值 110 000 元，税务部门认定应交增值税额为 18 700 元，投资者 B 已开具了增值税专用发票。

（3）投资者 C 以银行存款投入凯龙公司 390 000 元。

三、要求：根据以上资料，分别编制凯龙公司接受投资者 A 和 B 增资时以及投资者 C 初次出资时的会计分录。

实务题二

一、目的：练习盈余公积的核算。

二、资料：

（1）凯龙公司 2015 年税后利润为 1 800 000 元，公司董事会决定按 10% 提取法定盈余公积，按 25% 提取任意盈余公积，分派现金股利 500 000 元。

（2）凯龙公司现有股东情况如下：A 股东占 25%，B 股东占 30%，C 股东占 10%，D 股东占 5%，其他股东占 30%。经公司股东大会决议，以盈余公积 500 000 元转增资本，并已办妥转增手续。

（3）2016 年凯龙公司亏损 100 000 元，决议以盈余公积补亏。

三、要求：根据以上资料编制有关会计分录。

实务题三

一、目的：练习所有者权益变动的核算。

二、资料：凯龙公司 2015 年 1 月 1 日的所有者权益为 2 000 万元（其中，股本为 1 500 万股，每股面值 1 元，资本公积为 100 万元，盈余公积为 100 万元，未分配利润为 300 万元）。凯龙公司 2015 年实现净利润为 200 万元，按实现净利润的 10% 提取法定盈余公积金，2016 年凯龙公司发生亏损 50 万元，用以前年度的未分配利润每股分派现金股利 0.1 元，每 10 股分派股票股利 1 股。

三、要求：

（1）编制凯龙公司 2015 年和 2016 年结转盈亏、利润分配有关业务的会计分录。

（2）计算凯龙公司 2016 年 12 月 31 日所有者权益的余额（金额单位用万元表示）。

第十三章

收入、费用与利润的核算

知识点梳理

收入是指企业在日常活动中形成的、会导致所有者权益增加的、与所有者投入资本无关的经济利益的总流入。企业会计准则所涉及的收入，包括销售商品收入、提供劳务收入和让渡资产使用权收入。企业代第三方收取的款项，应当作为负债处理，不应当确认为收入。长期股权投资、建造合同、租赁、原保险合同、再保险合同等形成的收入，适用其他相关会计准则。

收入按企业从事日常活动的性质不同，分为销售商品收入、提供劳务收入和让渡资产使用权收入。

销售商品收入是指企业通过销售商品实现的收入，如工业企业制造并销售产品、商业企业销售商品等实现的收入。会计上企业销售的其他存货如原材料、包装物等也视同商品。

提供劳务收入是指企业通过提供劳务实现的收入，如咨询公司提供咨询服务、软件开发企业为客户开发软件、安装公司提供安装服务、运输企业提供的运输服务、旅行社提供的旅游服务等实现的收入。

让渡资产使用权收入是指企业通过让渡资产的使用权取得的收入。主要包括：（1）利息收入，主要是指金融企业对外贷款形成的利息收入，以及同业之间发生往来形成的利息收入等。（2）使用费收入，主要是指企业转让无形资产（如商标权、专利权、专营权、软件、版权）的使用权形成的使用费收入。

收入按企业经营业务的主次不同，分为主营业务收入和其他业务收入。

主营业务收入是指企业经常性的、主要业务所产生的基本收入。不同行业企业的主营业务收入所包括的内容不同。

其他业务收入是指企业主营业务收入以外的所有通过销售商品、提供劳务收入及让渡资产使用权等日常活动中所形成的经济利益的流入。其他业务收入具有不经常发生，每笔业务金额一般较小，占收入的比重较低等特点。

根据《企业会计准则第14号——收入》，企业应当在履行了合同中的履约义务，即客户取得相关商品（或服务）控制权时确认收入。取得相关商品（或服务）控制权，是指能够主导该商品（或服务）的使用并从中获得几乎全部的经济利益。客户，是指通过与企业订立合同向该企业购买其日常活动产出的商品（或服务）并支付对价的一方。合同，是指双方或多方之间设立有法律约束力的权利义务的协议，其应当同时满足下列条件：

（1）合同各方已批准该合同并承诺将履行各自义务。
（2）该合同明确了合同各方的权利和义务。
（3）该合同有明确的付款条款。
（4）该合同具有商业实质，即该合同将改变企业未来现金流量的风险、时间或金额。
（5）企业很可能收回因向客户转让商品（或提供服务）而有权取得的对价。

对于不符合本准则第五条规定的合同，企业只有在不再负有向客户转让商品（或提供服务）的剩余义务，并且自客户收到的对价不予退回时，才能将已收对价确认为收入；否则，应当将收到的对价作为负债处理。

不具有商业实质的合同，不应当确认收入。

企业应当按照分摊至各履约义务的交易价格计量收入。

交易价格是指企业因向客户转让商品（或提供服务）而预期有权收取的对价金额。企业代第三方收取的款项以及企业预期将退还给客户的款项，应当作为负债处理，不计入交易价格。

市场调整法是指企业根据某商品或类似商品的市场售价考虑本企业的成本和毛利等进行适当调整后，确定其单独售价的方法。

成本加成法是指企业根据某商品的预计成本加上其合理毛利后的价格，确定其单独售价的方法。

余值法是指企业根据合同交易价格减去合同中其他商品可观察的单独售价后的余值，确定某商品单独售价的方法。

合同折扣是指合同中各单项履约义务所承诺商品的单独售价之和高于合同交易价格的金额。

费用的概念有广义与狭义之分，广义的费用是指企业各种日常活动所发生的所有耗费，包括各种费用和损失；狭义的费用是指企业因销售商品、提供劳务等日常经营活动而形成的经济利益总流出，与本期营业收入相配比的那部分耗费，包括营业成本、期间费用。本部分所指的费用是指狭义费用。

我国《企业会计准则》中对费用的定义表述为：费用是企业生产经营过程中发生的各项耗费。企业直接为生产商品和提供劳务等发生的直接材料、直接人工、商品进价和其他直接费用，直接计入生产经营成本；企业为生产商品和提供劳务而发生的各项间接费用，应当按一定标准分配计入生产经营成本。企业行政管理部门为组织和管理生产经营活动而发生的管理费用和财务费用，为销售和提供劳务而发生的进货费用、销售费用等，应当作为期间费用，直接计入当期损益。

美国财务会计准则委员会便是采用这种狭义的费用概念，将损失作为一项与费用平行的收益表要素。国际会计准则委员会则采用上述广义的费用概念。会计费用包括直接费用、间接费用和期间费用。期间费用又包括销售费用、管理费用和财务费用。

企业所得税法术语下的费用是指纳税人为生产、经营商品和提供劳务等所发生的销售（经营）费用、管理费用和财务费用。

费用与成本的关系：费用是企业在生产经营过程中所发生的各项耗费，包括成本性费用和损失性费用；成本是指企业为生产产品，提供劳务而发生的各种耗费。费用与成本两者有着紧密的联系：一定期间发生的费用是构成成本的基础，成本是按一定对象所归集的费用，是生产费用对象化形成的，也就是说能够进入产品品种等成本计算对象的费用为成本，不能计入产品品种等成本计算对象的费用为期间费用。但费用与成本也有着明显的区别：费用是一定期间发生的资产耗费，它包括生产费用和期间费用，生产费用构成产品成本，不能直接从当期的利润中扣除，只有已销售的产品成本才能从当期的销售收入中得到补偿，而期间费用则直接计入当期的损益中；期间费用与一定会计期间相联系，它着重于按会计期间归集所发生的费用，而与生产哪一种产品无关；成本与一定种类和数量的产品或商品相联系，着重于按产品品种归集费用而不论发生在哪一时期。

费用与损失的关系：费用与损失都会导致企业可使用资源总量的减少，但两者有着本质的差别：费用与收入存在着因果关系，是企业为完成其经营目标所必须发生的耗费；损失是指企业发生的各项资产损失，包括货币资金损失、坏账损失、存货损失、固定资产损失、无形资产损失等，由此可见，损失不是企业为完成其经营目标而所必须发生的，它与收入不存在因果关系。一般情况下，生产经营过程中发生的耗费，可以直接或者间接产生效益，如企业为生产和销售商品而发生的料、工、费等可以为将来销售商品产生效益；但损失不但不会给企业带来经济效益，反而会减少企业的所有者权益，比如存货盘亏等，损失不能确认为费用。

期间费用是指不能直接归属于某个特定产品成本的费用。期间费用包括销售费用、管理费用和财务费用。

销售费用是指企业在销售商品和材料、提供劳务的过程中发生的各种费用，包括保险费、包装费、展览费和广告费、商品维修费、预计产品质量保证损失、运杂费等，以及为销售本企业商品而专设的销售机构（含销售网点、售后服务网点等）的职工薪酬、业务费，折旧费等营业费用。企业发生的与专设销售机构相关的固定资产修理费用等后续支出，也包括在销售费用之中。

管理费用是指企业为组织和管理企业生产经营所发生的管理费用，包括企业在筹建期间内发生的开办费，董事会和行政管理部门在企业的经营管理中发生的，或者应由企业统一负担的公司经费（包括行政管理部门职工工资及福利费、物料消耗、低值易耗品摊销、办公费和差旅费等）、工会经费、董事会费（包括董事会成员津贴、会议费和差旅费等）、聘请中介机构费、咨询费（含顾问费）、诉讼费、业务招待费、房产税、车船税、土地使用税、印花税、技术转让费、矿产资源补偿费、研究费用、排污费等。

企业生产车间和行政管理部门等发生的固定资产修理费用等后续支出，也作为"管理费用"核算。

财务费用是指企业为筹集生产经营资金等而发生的筹资费用，包括利息支出（减利息收入），汇兑损益以及相关的手续费，企业发生的现金折扣或收到的现金折扣等。为购建或生产满足资本化条件的资产发生的应予资本化的借款费用，在"在建工程"、"制造费用"等账户核算。

利润是指企业在一定会计期间的经营成果。通常情况下，如果企业实现的利润，表明企业的所有者权益将增加，业绩得到了提升；反之，如果企业发生的亏损（即利润为负数），表明企业的所有者权益将减少，业绩出现了下滑。利润往往是评价企业管理层业绩的一项重要指标，也是投资者等财务报告使用者进行决策时的重要参考。

利润包括收入减去费用后的净额、直接计入当期利润的利得和损失等。其中收入减去费用后的净额反映的是企业日常活动的经营业绩，直接计入当期利润的利得和损失反映的是企业非日常活动的业绩。直接计入当期利润的利得和损失是指应当计入当期损益、最终会引起所有者权益发生增减变动的、与所有者投入资本或者向所有者分配利润无关的非日常活动的收益或损失。企业应当严格区分收入和费用、利得和损失之间的区别，以便更加全面地反映企业的经营业绩。

营业利润＝营业收入－营业成本－税金及附加－销售费用－管理费用－财务费用－资产减值损失＋公允价值变动收益(－公允价值变动损失)＋投资收益(－投资损失)

利润总额＝营业利润＋营业外收入－营业外支出

净利润＝利润总额－所得税费用

营业外收入是指企业发生的、与其日常活动无直接关系的各项利得。营业外收入主要包括非流动资产处置利得、非货币性资产交换利得、债务重组利得、政府补助利得、盘盈利得、接受捐赠利得、罚没利得、无法支付的应付款项等。

营业外支出指企业发生的与日常生产经营活动没有直接关系的各项损失。主要有非流动资产处置损失、非货币性资产交换损失、债务重组损失、罚款支出、捐赠支出、非常损失、盘亏损失等。

政府补助是指企业从政府无偿取得货币性资产或非货币性资产，但不包括政府作为企业所有者投入的资本。政府包括各级政府及其所属机构，国际类似组织也在此范围之内。

政府补助主要有：财政拨款、财政贴息、税收返还、无偿划拨非货币性资产。

财政拨款是政府无偿拨付给企业的资金，通常在拨款时明确规定了资金用途。如财政部门拨付给企业用于购建固定资产或进行技术改造的专项资金，鼓励企业安置职工就业而给予的奖励款项，拨付企业的粮食定额补贴，拨付企业开展研发活动的研发经费等，均属于财政拨款。

财政贴息是政府为支持特定领域或区域发展，根据国家宏观经济形势和政策目标，对承贷企业的银行贷款利息给予的补贴。财政贴息主要有两种方式：

（1）财政将贴息资金直接拨付给受益企业。

（2）财政将贴息资金拨付给贷款银行，由贷款银行以政策性优惠利率向企业提供贷款，受益企业按照实际发生的利率计算和确认利息费用。

税收返还是政府按照国家有关规定采取先征后返（退）、即征即退等办法向企业返还的税款，属于以税收优惠形式给予的一种政府补助。增值税出口退税不属于政府补助。

除税收返还外，税收优惠还包括直接减征、免征、增加计税抵扣额、抵免部分税额等形式。这类税收优惠并未直接向企业无偿提供资产，不作为本准则规范的政府补助。

无偿划拨非货币性资产，如行政划拨土地使用权、天然起源的天然林等。

政府补助的确认：

与资产相关的政府补助是指企业取得的、用于购建或以其他方式形成长期资产的政府补助。企业取得与资产相关的政府补助，不能直接确认为当期损益，应当确认为递延收益，自相关资产达到预定可使用状态时起，在该资产使用寿命内平均分配，分次计入以后各期的损益（营业外收入）。相关资产在使用寿命结束前被出售、转让、报废或发生毁损的，应将尚未分配的递延收益余额一次性转入资产处置当期的损益（营业外收入）。

与收益相关的政府补助是指除与资产相关的政府补助之外的政府补助。与收益相关的政府补助，用于补偿企业以后期间的相关费用或损失的，取得时确认为递延收益，在确认相关费用的期间计入当期损益（营业外收入）；用于补偿企业已发生的相关费用或损失的，取得时直接计入当期损益（营业外收入）。

企业所得税是指对中华人民共和国境内的企业（居民企业及非居民企业）和其他取得收入的组织以其生产经营所得为课税对象所征收的一种所得税。它既体现国家对企业的管理，又体现企业对国家应承担的社会义务。作为企业所得税纳税人，应依照《中华人民共和国企业所得税法》缴纳企业所得税。但个人独资企业及合伙企业除外。在我国，一般企业所得税的税率为25%的比例税率。企业向国家缴纳的所得税符合费用要素的定义，形成了企业的所得税费用。

所得税费用的确认有应付税款法和资产负债表债务法两种方法。采用应付税款法，只确认当期所得税费用，而不确认递延所得税费用；采用资产负债表债务法，既要确认当期所得税费用，又要确认递延所得税费用。我国现行会计准则规定，所得税费用的确认应采用资产负债表债务法。

企业进行所得税核算的一般程序：

(1) 确定当期应交所得税。

应交所得税 = 应纳税所得额 × 所得税税率

应纳税所得额 = 利润总额 + (−) 纳税调整项目

(2) 确定递延所得税。

(3) 确定所得税费用。

所得税费用 = 当期所得税(应交所得税) + 递延所得税

暂时性差异是指资产或负债的账面价值与其计税基础之间的差额。这里的账面价值是指资产、负债项目按照企业会计准则规定核算的结果，即资产负债表上的期末数；计税基础则是指资产、负债项目按照税法规定核算的结果，即从税法角度来看，企业持有的资产、负债在期末的应有余额。

可抵扣暂时性差异是指在确定未来收回资产或清偿负债期间的应纳税所得额时，将产生可抵扣金额的暂时性差异，从而减少未来期间的应纳税所得额与应交的所得税。

应纳税暂时性差异是指在确定未来收回资产或清偿负债期间的应纳税所得额时，将导致产生应纳税金额的暂时性差异，该差异会增加未来期间的应纳税所得额与应交的所得税。

资产的计税基础是指企业在未来期间收回资产账面价值的过程中，计算应纳税所得额时按照税法规定可以抵扣的金额，即某一项资产在未来期间计税时按照税法规定可以税前扣除的金额。

负债的计税基础是指负债的账面价值减去未来期间计算应纳税所得额时按照税法规定准予抵扣的金额。用公式表示为：

负债的计税基础 = 账面价值 − 未来期间按照税法规定可税前扣除的金额

递延所得税，是指按照会计准则规定应予确认的递延所得税资产和递延所得税负债在期末应有的金额相对于原已确认金额之间的差额，即递延所得税资产及递延所得税负债当期发生额的综合结果，但不包括直接计入所有者权益的交易或事项的所得税影响。

递延所得税 = (递延所得税负债期末余额 − 递延所得税负债期初余额) − (递延所得税资产期末余额 − 递延所得税资产期初余额)

递延所得税资产是按照可抵扣暂时性差异和现行税率计算确定的资产,其性质属于预付的税款,将抵减未来期间应纳税款的金额。

递延所得税负债是按照应纳税暂时性差异和现行税率计算确定的负债,其性质属于应付的税款,将增加未来期间应纳税款的金额。

企业在计算确定当期所得税(即当期应交所得税)以及递延所得税费用(或收益)的基础上,应将两者之和确认为利润表中的所得税费用。即:

所得税费用 = 当期所得税 + 递延所得税

企业期末结转本年利润的方法有表结法和账结法。

利润分配是把企业所实现的净利润按照国家的有关法规以及所有者各方的协议(如公司董事会或股东会的决议等)进行分配。

企业当年实现的净利润一般应按照下列顺序进行分配:

(1)提取法定盈余公积。

(2)提取任意盈余公积。

(3)向投资者分配利润或股利。

复 习 思 考 题

1. 什么是收入?有哪些特点?

2. 销售商品收入如何确认与计量?

3. 怎样区分现金折扣、商业折扣、销售折让和销售退回？它们的账务处理有何不同？

4. 什么是费用？如何对费用进行分类和核算？

5. 什么是利润及利润分配？其账务处理如何结转？

6. 什么是政府补助？有哪些特点和主要形式？

7. 政府补助如何确认与计量？

自 测 题

一、单项选择题

1. 下列各项中，符合收入会计要素的定义，可以确认为收入的是（　　）。
   A. 出售无形资产所有权收取的价款　　B. 出售固定资产收取的价款
   C. 出售原材料收到的价款　　　　　　D. 确认的政府补助利得

2. 凯龙公司因到期无力支付所欠乙公司原材料款 20 万元，向乙公司销售一批商品，销售价格为 46.8 万元（含增值税），凯龙公司适用的增值税税率为 17%，所得款项除用于偿还所欠乙公司 20 万元的应付账款外，其余如数收回。则凯龙公司应确认的收入为（　　）万元。
   A. 26.8　　　　　　　　　　　　　B. 46.8
   C. 40　　　　　　　　　　　　　　D. 20

3. 销货方对于现金折扣应在（　　）入账。
   A. 销售时　　　　　　　　　　　　B. 预计可能发生时
   C. 期末　　　　　　　　　　　　　D. 实际发生时

4. 凯龙公司以预收货款的方式向上海市 B 公司销售一批产品。预收货款时间为 2010 年 2 月 1 日；该批产品发出时间为 3 月 5 日；凯龙公司于 3 月 7 日向上海市 B 公司开出销货发票。两公司于 3 月 11 日结清货款，多收的预收款项于当日退回 B 公司。请问，对于销售产品的凯龙公司而言，该笔销售业务收入确定的时间应为（　　）。
   A. 2010 年 2 月 1 日　　　　　　　B. 2010 年 3 月 5 日
   C. 2010 年 3 月 7 日　　　　　　　D. 2010 年 3 月 11 日

5. 凯龙公司销售产品每件 220 元，若客户购买 100 件（含 100 件）以上，每件可得到 20 元的商业折扣，某客户 2010 年 12 月 10 日购买该企业商品 100 件，按规定现金折扣条件为"2/10，1/20，n/30"，适用的增值税税率为 17%。该企业于 12 月 26 日收到该笔款项时，应给予客户的现金折扣为（　　）元。（假定计算现金折扣时不考虑增值税）
   A. 0　　　　　　　　　　　　　　B. 200
   C. 234　　　　　　　　　　　　　D. 220

6. 凯龙公司某月产品销售收入为 480 000 元，发生一笔销售退回 60 000 元，另给购货方折让 24 000 元，其他业务收入 36 000 元，月末填列"利润表"时，"营业收入"项目应填列（　　）元。

  A. 432 000　　　　　　　　　　B. 396 000
  C. 456 000　　　　　　　　　　D. 480 000

7. 采用收取手续费的代销方式，受托方在商品销售后，应按（　　）确认收入。

  A. 销售价款和手续费　　　　　　B. 销售价款扣除手续费
  C. 收取的手续费　　　　　　　　D. 销售价款和增值税

8. 下列项目中，按照现行会计制度的规定，销售企业应当作为财务费用处理的是（　　）。

  A. 购货方获得的现金折扣　　　　B. 供货方获得的商业折扣
  C. 购货方获得的销售折让　　　　D. 购货方放弃的现金折扣

9. 企业为购买原材料所发生的银行承兑汇票手续费应当计入（　　）。

  A. 管理费用　　　　　　　　　　B. 财务费用
  C. 销售费用　　　　　　　　　　D. 其他业务成本

真题呈现

1. 某企业为增值税一般纳税人，增值税税率为 17%。本月销售一批材料，价税合计为 6 084 元。该批材料计划成本为 4 200 元，材料成本差异率为 2%，该企业销售材料应确认的损益为（　　）元。（2013 年初会）

  A. 916　　　　　　　　　　　　B. 1 084
  C. 1 884　　　　　　　　　　　D. 1 968

【答案】A

【解析】销售材料确认的其他业务收入 = 6 084/(1 + 17%) = 5 200（元）；确认的其他业务成本 = 4 200 × (1 + 2%) = 4 284（元）；销售材料应确认的损益 = 5 200 - 4 284 = 916（元）。

2. 2012 年 6 月，某企业发生以下交易或事项：支付诉讼费用 10 万元，固定资产处置净损失 8 万元，对外公益性捐赠支出 5 万元，支付税收滞纳金 1 万元，该企业 2012 年 6 月利润表"营业外支出"项目的本期金额为（　　）万元。（2013 年初会）

  A. 14　　　　　　　　　　　　　B. 16
  C. 19　　　　　　　　　　　　　D. 24

【答案】A

【解析】计入"营业外支出"项目的本期金额 = 8 + 5 + 1 = 14（万元），支付的诉讼费用 10 万元计入管理费用。

3. 甲乙公司均为增值税一般纳税人，适用的增值税税率为 17%。2015 年 3 月 2 日，甲公司向乙公司赊销商品一批，商品标价总额为 200 万元（不含增值税）。由于是成批销售，乙公司应享受 10% 的商业折扣，销售合同规定的现金折扣条件为"2/10, 1/20, n/30"。假

定计算现金折扣时不考虑增值税。乙公司于3月9日付清货款，甲公司收到的款项为（　　）万元。(2014年初会)

　　A. 230　　　　　　　　　　B. 210.6

　　C. 214　　　　　　　　　　D. 207

【答案】D

【解析】甲公司收到的款项 = 200×(1-10%)×(1+17%) - 200×(1-10%)×2% = 207（万元）。甲公司相关会计分录为：

2015年3月2日：

借：应收账款　　　　　　　　　　　　　　　　　　　　210.6

　　贷：主营业务收入　　　　　　　　　　　　180[200×(1-10%)]

　　　　应交税费——应交增值税（销项税额）　　30.6（180×17%）

2015年3月9日：

借：银行存款　　　　　　　　　　　　　　　　　　　　207

　　财务费用　　　　　　　　　　　　　　　　3.6（180×2%）

　　贷：应收账款　　　　　　　　　　　　　　　　　　210.6

4. 下列各项中，不属于政府补助的是（　　）。(2014年初会)

　　A. 企业因购买环保设备取得的财政补助拨款

　　B. 企业享受的地方财政贴息补助

　　C. 小微企业获得的财政扶持资金

　　D. 企业收到政府作为所有者的资本投入

【答案】D

【解析】政府补助，指企业从政府无偿取得货币性资产或非货币性资产形成的利得，不包括政府作为所有者对企业的资本投入。

5. 下列各项中，不应列入利润表中"财务费用"项目的是（　　）。(2014年初会)

　　A. 计提的短期借款利息

　　B. 筹建期间发生的长期借款利息

　　C. 销售商品发生的现金折扣

　　D. 经营活动中支付银行借款的手续费

【答案】B

【解析】筹建期间发生的长期借款的利息，如果是可以资本化的，要计入相关资产成本，如果是不能资本化的部分要计入管理费用，选项B错误。

6. 下列各项中，应计入期间费用的是（　　）。(2015年初会)

　　A. 预计产品质量保证损失　　　B. 计提车间管理用固定资产的折旧费

　　C. 销售商品发生的商业折扣　　D. 车间管理人员的工资费用

【答案】A

【解析】选项A，预计产品质量保证损失计入销售费用；选项B，车间管理用固定资产的折旧费计入制造费用；选项D，车间管理人员的工资计入制造费用；选项C，销售商品发生的商业折扣在确认收入之前就扣除了，不形成费用。销售费用、管理费用和财务费用属于期间费用，选项A正确。

7. 企业收到与资产相关的政府补助时，下列各项中，会计处理正确的是（　　）。（2015年初会）

A. 借记"递延收益"账户，贷记"主营业务收入"账户
B. 借记"银行存款"账户，贷记"预收账款"账户
C. 借记"递延收益"账户，贷记"其他业务收入"账户
D. 借记"银行存款"账户，贷记"递延收益"账户

【答案】D
【解析】企业收到与资产相关的政府补助时，按照到账的实际金额，借记"银行存款"等账户，贷记"递延收益"账户。

8. 某企业为增值税一般纳税人，适用的增值税税率为17%，2014年4月1日，该企业向某客户销售商品20 000件，单位售价为20元（不含增值税），单位成本为10元，给予客户10%的商业折扣，当日发出商品，并符合收入确认条件。销售合同约定的现金折扣条件为"2/10，1/20，n/30"（计算现金折扣时不考虑增值税）。不考虑其他因素，该客户于4月15日付款时享有的现金折扣为（　　）元。（2015年初会）

A. 4 000　　　　　　　　　B. 4 580
C. 3 600　　　　　　　　　D. 4 212

【答案】C
【解析】销售商品确认的收入 = 20 000 × 20 × (1 – 10%) = 360 000（元）；计算现金折扣不考虑增值税，那么4月15日付款享有的现金折扣 = 360 000 × 1% = 3 600（元）。

9. 2014年11月1日，甲公司接受乙公司委托为其安装一项大型设备，安装期限为8个月，合同约定乙公司应支付安装费总额为60 000元，当日收到乙公司20 000元预付款，其余款项安装结束验收合格后一次付清。截至2014年12月31日，甲公司实际发生安装费15 000元，预计至安装完成还将发生安装费25 000元，甲公司按已发生的成本占估计总成本的比例确定完工进度。不考虑其他因素，甲公司2014年应确认的收入为（　　）元。（2015年初会）

A. 22 500　　　　　　　　B. 15 000
C. 20 000　　　　　　　　D. 60 000

【答案】A
【解析】2014年年末的完工进度 = 15 000/(15 000 + 25 000) × 100% = 37.5%；2014年应确认的收入 = 60 000 × 37.5% = 22 500（元）。

10. 2014年2月，某企业发生自用房地产应交房产税2 000元，应交增值税10 000元，车船税3 000元，城镇土地使用税1 500元，消费税16 000元，支付印花税800元。不考虑其他因素，该企业当月应计入管理费用的税金为（　　）元。（2015年初会）

A. 7 300　　　　　　　　　B. 26 000
C. 33 300　　　　　　　　D. 5 800

【答案】A
【解析】当月应计入管理费用的税金 = 2 000（自用房地产房产税）+ 3 000（车船税）+ 1 500（城镇土地使用税）+ 800（印花税）= 7 300（元）。

11. 2014年5月某企业因发生如下经济业务：确认行政管理人员薪酬60万元，业务招

待费 10 万元，支付展览费 30 万元，违约金 5 万元。不考虑其他因素，5 月份该企业应确认的管理费用为（　　）万元。(2015 年初会)

　　A. 100　　　　　　　　　　　　B. 65
　　C. 60　　　　　　　　　　　　 D. 70

【答案】D

【解析】5 月份该企业应确认的管理费用 = 60 + 10 = 70（万元）。展览费计入销售费用，违约金计入营业外支出。

12. 下列各项中，关于结转本年利润的方法表述不正确的是（　　）。(2015 年初会)
　　A. 账结法无须每月编制转账凭证，仅在年末一次性编制
　　B. 期末结转本年利润的方法有表结法和账结法两种
　　C. 表结法减少了月末转账环节和工作量，且不影响利润表的编制
　　D. 表结法下每月末需将损益类账户本月发生额合计数填入利润表的本月数栏

【答案】A

【解析】账结法下，每月月末均需编制转账凭证，将在账上结计出的各损益类账户的余额结转入"本年利润"账户。

13. 2015 年 11 月 20 日，甲公司与乙公司签订一项为期 3 个月的劳务合同，合同总价款为 70 万元；当日收到乙公司预付合同款项 30 万元。该劳务符合按完工百分比法确认收入的条件。年末经测算，劳务的完工程度为 40%。甲公司 2015 年末应确认的劳务收入为（　　）万元。(2016 年初会)
　　A. 12　　　　　　　　　　　　B. 28
　　C. 30　　　　　　　　　　　　D. 70

【答案】B

【解析】甲公司 2015 年末应确认的劳务收入 = 70 × 40% = 28（万元）。

二、多项选择题

1. 下列各项收入中，应计入其他业务收入的有（　　）。
　　A. 提供运输劳务所取得的收入
　　B. 提供加工装配劳务所取得的收入
　　C. 转让无形资产使用权所取得的收入
　　D. 销售材料产生的收入
　　E. 出售固定资产作取得的收入

2. 收入的特征表现为（　　）。
　　A. 收入是从企业日常活动中产生，而不是从偶发的交易或事项中产生
　　B. 收入可能表现为资产的增加
　　C. 收入会导致所有者权益的增加
　　D. 收入包括代收的增值税
　　E. 收入是与所有者投入资本无关的经济利益的总流入

3. 下列各项中，应计入财务费用的有（　　）。
　　A. 银行承兑汇票的手续费　　　　B. 利息支出

C. 诉讼费 　　　　　　　　　　　D. 购货单位享有的现金折扣

4. 下列各项中，按规定应计入企业营业外支出的有（　　）。
　　A. 无形资产所有权出售的净收益　B. 捐赠支出
　　C. 固定资产盘亏净损失　　　　　D. 坏账损失
　　E. 罚款支出

5. 企业"税金及附加"账户的核算内容包括（　　）。
　　A. 增值税　　　　　　　　　　　B. 消费税
　　C. 房产税　　　　　　　　　　　D. 印花税
　　E. 教育费附加　　　　　　　　　F. 城市维护建设税

6. 下列项目中，应计入销售费用的有（　　）。
　　A. 销售过程的运输费用　　　　　B. 专设销售机构固定资产的折旧费
　　C. 广告费　　　　　　　　　　　D. 生产车间融资租入固定资产的租赁费

7. 下列各项中，影响营业利润的项目有（　　）。
　　A. 主营业务成本　　　　　　　　B. 税金及附加
　　C. 营业外收入　　　　　　　　　D. 管理费用和财务费用
　　E. 投资收益

8. 下列各项中，属于其他业务收入的有（　　）。
　　A. 出售辅料取得的收入　　　　　B. 出售包装物取得的收入
　　C. 出售设备取得的收入　　　　　D. 出租包装物取得的收入
　　E. 提供运输劳务取得的收入

9. 下列各项中，不应计入其他业务收入的有（　　）。
　　A. 罚款收入　　　　　　　　　　B. 出售固定资产收入
　　C. 出租无形资产收入　　　　　　D. 出售无形资产所有权的收入
　　E. 固定资产清理的净收益

10. 下列各账户中，年末应无余额的有（　　）。
　　A. 管理费用　　　　　　　　　　B. 所得税费用
　　C. 累计折旧　　　　　　　　　　D. 累计摊销
　　E. 销售费用

11. 下列项目中，应计入"营业外收入"账户的有（　　）。
　　A. 罚没收入　　　　　　　　　　B. 处置固定资产净收益
　　C. 确实无法支付的应付款项　　　D. 教育费附加返还款
　　E. 固定资产盘盈收入

12. 下列项目中，应计入"营业外支出"账户的有（　　）。
　　A. 固定资产清理净损失　　　　　B. 核销的固定资产盘亏损失
　　C. 财产的非常损失　　　　　　　D. 罚没支出
　　E. 罚款收入

真题呈现

1. 下列关于现金折扣的会计处理的表述中，正确的有（ ）。（2011年初会）
   A. 销售企业在确认销售收入时将现金折扣抵减收入
   B. 销售企业在取得价款时将实际发生的现金折扣计入财务费用
   C. 购买企业在购入商品时将现金折扣直接抵减应确认的应付账款
   D. 购买企业在偿付应付账款时将实际发生的现金折扣冲减财务费用

   【答案】BD
   【解析】企业销售商品涉及现金折扣的应当按照扣除现金折扣前的金额确定销售商品收入金额，所以选项A错误；销售企业在取得价款时将实际发生的现金折扣计入财务费用，选项B正确；购买企业按照扣除现金折扣前的金额确认应付账款，选项C错误；购买企业实际支付价款时将发生的现金折扣直接冲减财务费用，选项D正确。

2. 下列各项中，表明已售商品所有权的主要风险和报酬尚未转移给购货方的有（ ）。（2012年初会）
   A. 销售商品的同时，约定日后将以融资租赁方式租回
   B. 销售商品的同时，约定日后将以高于原售价的固定价格回购
   C. 已售商品附有无条件退货条款，但不能合理估计退货的可能性
   D. 向购货方发出商品后，发现商品质量与合同不符，很可能遭受退货

   【答案】ABCD

3. 下列各项中，关于政府补助表述正确的有（ ）。（2013年初会）
   A. 企业取得与资产相关的政府补助应确认为递延收益
   B. 企业取得与收益相关的政府补助应计入当期收益或递延收益
   C. 企业取得与资产相关的政府补助应一次性全额计入营业外收入
   D. 政府补助包括与资产相关的政府补助和与收益相关的政府补助

   【答案】ABD
   【解析】企业取得与资产相关的政府补助应当确认为递延收益，然后按照长期资产的预计使用期限，将递延收益平均分摊计入当期营业外收入，而不能一次性全额计入营业外收入。

4. 下列关于商品销售收入确认的表述中，正确的有（ ）。（2014年初会）
   A. 采用预收款方式销售商品，在收取款项时确认收入
   B. 以支付手续费方式委托代销商品，委托方应在向受托方移交商品时确认收入
   C. 附有销售退回条件但不能合理确定退货可能性的商品销售，应在售出商品退货期届满时确认收入
   D. 采用以旧换新方式销售商品，售出的商品应当按照销售商品收入确认条件确认收入，收回商品作为购进商品处理

   【答案】CD
   【解析】选项A，采用预收款方式销售商品，在发出商品时确认收入。选项B，以支付手续费方式委托代销商品，委托方在收到受托方的代销清单时确认收入。

5. 下列关于企业销售商品收入确认时点的表述中，正确的有（　　）。(2014年初会)
   A. 采用支付手续费委托代销方式销售商品，应在收到代销清单时确认收入
   B. 采用预收货款方式销售商品，应在收到货款时确认收入
   C. 采用交款提货方式销售商品，应在开出发票账单收到货款时确认收入
   D. 采用托收承付方式销售商品，应在发出商品并办妥托收手续时确认收入

【答案】ACD

【解析】采用预收货款方式销售商品，通常应在发出商品时确认收入。

6. 下列各项中，应计入销售费用的有（　　）。(2014年初会)
   A. 销售商品发生的售后服务费
   B. 委托代销商品支付的手续费
   C. 结转的随商品出售且单独计价的包装物成本
   D. 预计的产品质量保证损失

【答案】ABD

【解析】选项C应计入其他业务成本；选项ABD应计入销售费用。

7. 下列各项中，应通过"管理费用"账户核算的有（　　）。(2015年初会)
   A. 支付的企业年度财务报告审计费　　B. 支付的排污费
   C. 支付的广告费　　　　　　　　　　D. 发生的罚款支出

【答案】AB

【解析】支付的广告费计入销售费用；发生的罚款支出计入营业外支出；年度财务报告审计费和排污费计入管理费用，选项AB正确。

8. 下列各项中，应计入营业外收入的有（　　）。(2015年初会)
   A. 无形资产出售利得　　　　　　　　B. 大型设备处理利得
   C. 无法交付的应付账款　　　　　　　D. 存货收发计量差错形成的盘盈

【答案】ABC

【解析】选项D应计入管理费用。

9. 下列各项中，不应计入营业外支出的有（　　）。(2015年初会)
   A. 自然灾害造成的原材料净损失　　　B. 因材料陈旧而确认的减值损失
   C. 人为责任造成的原材料净损失　　　D. 计量差错引起的原材料盘亏

【答案】BCD

【解析】选项A，自然灾害造成的材料净损失计入营业外支出；选项B，材料陈旧确认的减值损失计入资产减值损失；选项C，人为责任造成的材料净损失计入管理费用；选项D，计量差错引起的材料盘亏计入管理费用。

10. 甲、丁公司均为增值税一般纳税人，适用的增值税税率为17%，甲公司2014年6月份业务如下：20日，甲公司与丁公司签订委托代销协议，丁公司按照协议价的5%收取手续费，并直接从代销款中扣除。协议价款600万元，实际成本460万元。25日，收到代销清单，已售出50%的商品，甲公司向丁公司开具增值税专用发票，将收到的扣除手续费（假定不考虑相关增值税）的代销商品款存入银行。下列选项中正确的有（　　）。(2015年初会)

   A. 20日发出商品，确认主营业务收入600万元

B. 25 日销售费用增加 15 万元

C. 25 日银行存款增加 336 万元

D. 20 日发出商品，确认应收账款 460 万元

【答案】BC

【解析】甲公司6月份有关账务处理：

20 日，发出商品时：

借：委托代销商品　　　　　　　　　　　　　　　460

　　贷：库存商品　　　　　　　　　　　　　　　　　　460

25 日，收到代销清单时：

借：应收账款　　　　　　　　　　　　　　　　　351

　　贷：主营业务收入　　　　　　　　　　　　　　　　300

　　　　应交税费——应交增值税（销项税额）　　　　　51

借：主营业务成本　　　　　　　　　　　　　　　230

　　贷：委托代销商品　　　　　　　　　　　　　　　　230

借：销售费用　　　　　　　　　　　　　　　　　15

　　贷：应收账款　　　　　　　　　　　　　　　　　　15

收到丁公司支付的货款：

借：银行存款　　　　　　　　　　　　　　　　　336

　　贷：应收账款　　　　　　　　　　　　　　　　　　336

11. 下列各项中，关于收入确认表述正确的有（　　）。（2015 年初会）

A. 采用托收承付方式销售商品，应在发出商品时确认收入

B. 已确认收入的商品发生销售退回，除属于资产负债表日后事项外，一般应在发生时冲减当期销售收入

C. 销售折让发生在收入确认之前，销售收入应按扣除销售折让后的金额确认

D. 采用预收款方式销售商品，应在款项全部收妥并发出商品时确认收入

【答案】BCD

【解析】采用托收承付方式销售商品，应在发出商品并办妥托收手续时确认收入，选项 A 错误。

12. 下列各项中，应列入利润表"营业成本"账户的有（　　）。（2015 年初会）

A. 以经营租赁方式出租设备计提的折旧额

B. 出租非专利技术计提的摊销额

C. 出售商品的成本

D. 对外提供劳务的成本

【答案】ABCD

【解析】营业成本包括主营业务成本和其他业务成本。选项 A，出租设备计提的折旧额计入其他业务成本；选项 B，出租非专利技术的摊销额计入其他业务成本；选项 C，出售商品的成本计入主营业务成本；选项 D，对外提供劳务的成本计入主营业务成本或其他业务成本。

13. 某企业销售一批商品，该商品已发出且纳税义务已发生，由于货款收回存在较大不

确定性，不符合收入确认条件。下列各项中，关于该笔销售业务会计处理表述正确的有（　　）。（2016年初会）

　　A. 发出商品的同时结转其销售成本
　　B. 根据增值税专用发票上注明的税额确认应收账款
　　C. 根据增值税专用发票上注明的税额确认应交税费
　　D. 将发出商品的成本记入"发出商品"账户

【答案】BCD

【解析】由于货款收回存在较大的不确定性，不符合收入确认条件，所以不能确认收入及成本，选项A错误；发出商品时，应借记"发出商品"账户，贷记"库存商品"账户，选项D正确；纳税义务发生，应借记"应收账款"账户，贷记"应交税费——应交增值税（销项税额）"账户，选项BC正确。

三、判断题

1. 企业取得收入往往表现为货币资产的流入，但是并非所有货币资产的流入都是企业的收入。（　　）

2. 企业发生销售折让时，编制的会计分录应当用红字冲减"主营业务收入"账户的贷方。（　　）

3. 如果企业保留与商品所有权相联系的继续管理权，则在发出商品时应确认该项商品销售收入。（　　）

4. 采用预收款销售商品，应在收到预收款时确认收入。（　　）

5. 凯龙公司将一批商品销售给乙公司，但合同规定甲公司仍保留通常与所有权相联系的继续管理权或对已出售的商品实施控制。因而，甲公司不能确认收入。（　　）

6. 收入一定表现为企业的资产增加。（　　）

7. 按企业会计准则规定，企业发生的销售折让应作为财务费用处理。（　　）

8. 企业销售商品涉及商业折扣的，应当按照扣除商业折扣后的金额确定销售商品收入的金额。（　　）

9. 企业为组织生产经营活动而发生的一切管理活动的费用，包括车间管理费用和企业管理费用，都应作为期间费用处理。（　　）

10. 企业专设销售机构销售人员的工资应计入管理费用账户。（　　）

11. 企业按规定用盈余公积弥补以前年度亏损时，应按弥补数额，借记"盈余公积"账户，贷记"本年利润"账户。（　　）

真题呈现

1. 在采用支付手续费方式委托代销商品时，委托方确认商品销售收入的时点为委托方收到受托方开具的代销清单时。（　　）（2011年初会）

【答案】对

2. 企业采用以旧换新销售方式时，应将所售商品按照销售商品收入确认条件确认收入，

回收的商品作为购进商品处理。（　　）（2012 年初会）

【答案】对

【解析】以旧换新销售，是指销售方在销售商品的同时回收与所售商品相同的旧商品。在这种销售方式下，销售的商品应当按照销售商品收入确认条件确认收入，回收的商品作为购进商品处理。

3. 企业销售商品涉及商业折扣的，应该按扣除商业折扣前的金额确定商品销售收入金额。（　　）（2012 年初会）

【答案】错

【解析】企业销售涉及商业折扣的，应当按照扣除商业折扣后的金额确定销售商品收入金额。

4. 售后租回交易认定为融资租赁，售价与资产账面价值之间的差额应予递延，并按该项租赁资产的折旧进度进行分摊，作为折旧费用的调整。（　　）（2014 年初会）

【答案】对

5. 企业对于已经发出的商品，不符合收入确认条件的，应按其实际成本编制会计分录：借记"发出商品"账户，贷记"库存商品"账户。（　　）（2014 年初会）

【答案】对

【解析】企业对于已经发出的商品，在不能确认收入时，应按发出商品的实际成本，借记"发出商品"账户，贷记"库存商品"账户。发出商品满足收入确认条件时，应结转销售成本，借记"主营业务成本"账户，贷记"发出商品"账户。

6. 企业支付专设销售机构固定资产的日常修理费应计入管理费用。（　　）（2014 年初会）

【答案】错

【解析】企业支付专设销售机构固定资产的日常修理费应计入销售费用。

四、实务题

实务题一

一、目的：练习收入的核算。

二、资料：凯龙公司是工业企业，为增值税一般纳税人，适用的增值税税率为 17%。商品销售单价均为不含增值税价格，凯龙公司 2017 年 12 月发生如下业务：

（1）12 月 3 日，向甲企业赊销 A 产品 50 件，单价为 20 000 元，单位销售成本 10 000 元，已开出增值税专用发票，款项尚未收到。

（2）12 月 10 日，甲企业来函提出 12 月 3 日购买的 A 产品质量不完全合格。经协商同意，按销售价款的 10% 给予折让，并办理折让手续和开出红字增值税专用发票。

（3）12 月 15 日向丁企业销售材料一批价款为 700 000 元，该材料发出成本为 500 000 元。当日收取面值为 819 000 元的商业汇票一张。

（4）12 月 18 日，丙企业要求退回本年 11 月 25 日购买的 20 件 A 产品，该产品的销售单价为 20 000 元，单位销售成本为 10 000 元，其销售收入 400 000 元已确认入账，价款尚未收取。经查明退货原因是发错货物，同意企业退货，并办理退货手续和开具红字增值税专用发票。

三、要求：根据上述业务编制有关会计分录。

实务题二

一、目的：练习收入、费用、利润及分配的核算。

二、资料：凯龙公司为增值税一般纳税企业，适用的增值税税率为17%，产品销售单价均为不含增值税价格。产品销售成本按经济业务逐项结转。凯龙公司适用的所得税税率为25%。2017年度，凯龙公司发生如下经济业务事项：

（1）销售A产品一批，产品销售价款为920 000元，产品销售成本为416 000元。产品已经发出，并开具了增值税专用发票，同时向银行办妥了托收手续。

（2）收到乙公司因产品质量问题退回的B产品一批，并验收入库，凯龙公司用银行存款支付了退货款，并按规定向乙公司开具了红字增值税专用发票。

该退货是凯龙公司2017年12月20日以提供现金折扣方式（折扣条件为"2/10，1/20，n/30"，折扣仅限于销售价款部分）出售给乙公司的，产品销售价款为40 000元，产品销售成本为22 000元，销售款将于12月29日收到并存入银行。

（3）用银行存款支付发生的管理费用67 800元，计提坏账准备4 000元。

（4）用银行存款支付广告宣传费用12 000元。

（5）销售产品应交的城市维护建设税为2 100元，应交的教育费附加为900元。

（6）计算应交所得税（假定凯龙公司本年度应纳税所得额为400 000元，无其他纳税调整事项）。

（7）将损益类账户余额结转到本年利润账户。

（8）按净利润的10%提取法定盈余公积。

（9）按净利润的40%向投资者分配利润。

（10）结转利润分配各明细账户。

三、要求：根据上述业务，编制凯龙公司2017年度经济业务事项的会计分录（"应交税费"和"利润分配"账户要求写出明细账户）。

第十四章

财务会计报告

知识点梳理

企业财务会计报告又称财务报告,是指企业对外提供的反映企业某一特定日期的财务状况和某一会计期间的经营成果、现金流量等会计信息的总结性书面文件。企业财务会计报告包括会计报表及其附注和其他应当在财务会计报告中披露的相关信息和资料。

会计报表至少应当包括资产负债表、利润表、现金流量表和所有者权益变动表等。

附注是对在资产负债表、利润表、现金流量表和所有者权益变动表中列示项目的文字描述或明细资料,以及对未能在这些报表中列示项目的说明等。附注是财务报表不可或缺的组成部分。

企业编制财务会计报表的目标,是向财务会计报表使用者提供与企业财务状况、经营成果和现金流量等有关的会计信息,反映企业管理层受托责任的履行情况,有助于财务报表使用者作出经济决策。财务报表使用者通常包括投资者、债权人、政府及其有关部门和社会公众等。

财务会计报告的主要作用:

(1) 有助于国家相关行政管理部门进行宏观调控和管理。

(2) 有助于所有者、债权人及其他相关利益主体合理地进行投资、经营决策。

(3) 有助于企业经营管理者实施有效管理。

财务报表由报表本身及其附注两部分构成。一套完整的财务报表至少应当包括"四表一注",即资产负债表、利润表、现金流量表、所有者权益(或股东权益,下同)变动表及附注。

财务报表按编报期间的不同,可以分为中期财务报表和年度财务报表。

财务报表按编报主体的不同,可以分为个别财务报表和合并财务报表。

企业编制财务报表应遵循以下要求:

(1) 应当以持续经营为基础,根据实际发生的交易和事项,按照规定进行确认和计量,在此基础上编制财务报表。

(2) 财务报表项目的列报应当在各个会计期间保持一致,不得随意变更。

(3) 性质或功能不同的项目,应当在财务报表中单独列报,不具有重要性的项目除外。

(4) 财务报表中的资产项目和负债项目的金额,收入项目和费用项目的金额不得相互抵消,其他会计准则另有规定的除外。

(5) 当期财务报表的列报，至少应当提供所有列报项目上一可比会计期间的比较数据，以及与理解当期财务报表相关的说明，其他会计准则另有规定的除外。

(6) 企业应当在财务报表的显著位置披露下列各项：编报企业的名称；资产负债表日或财务报表涵盖的会计期间；人民币金额单位；财务报表是合并财务报表的，应当予以标明。

(7) 企业至少应当按年编制财务报表。年度财务报表涵盖的期间短于一年的，应当披露年度财务报表的涵盖期间，以及短于一年的原因。

资产负债表是反映企业在某一特定日期财务状况的报表。它主要反映企业在某一特定日期所拥有或控制的经济资源、所承担的现时义务和所有者对净资产的要求权，是揭示企业在一定时点财务状况的静态报表。

资产负债表的作用：

(1) 反映企业某一特定日期的经济资源及其分布状况，以及企业的资本结构，为评价企业资产构成、改善经营管理和提高管理水平提供依据。

(2) 反映企业某一特定日期的负债总额及其结构，为评价和预测企业的短期和长期偿债能力提供依据。

(3) 反映企业所有者权益的情况，了解企业现有的投资者在企业资产总额中所占的份额。

(4) 根据资产负债表提供的数据，将流动资产与流动负债进行比较可以计算出流动比率；将速动资产与流动负债进行比较，计算出速动比率等，可以表明企业的变现能力、偿债能力和资金周转能力，为信息使用者了解企业的财务状况，为投资和信贷提供参考依据，作出合理经济决策。

资产负债表由表首和正表两部分组成。其中，表首部分列示报表的名称、编制单位编制日期、报表日期和货币名称等内容，正表是资产负债表的主体，列示了企业财务状况的各个项目。目前，国际上流行的资产负债表格式主要有账户式和报告式两种，我国规定采用资产负债表的格式为账户式，即左侧列报资产方，右侧列报负债方和所有者权益方，通过账户式资产负债表，可以反映资产、负债及所有者权益之间的内在关系，即"资产=负债+所有者权益"。

资产负债表应当按照资产、负债和所有者权益三大类别分类列报。资产和负债按流动性排列。

资产负债表的"年初余额"栏内各项目的金额应根据上年末资产负债表的"期末余额"栏内各项目所列金额填列。

资产负债表"期末余额"栏的主要填列方法：

(1) 根据总账账户的余额填列。
(2) 根据明细账账户余额计算填列。
(3) 根据总账账户和明细账账户余额分析计算填列。
(4) 根据有关账户余额减去其备抵账户余额后的净额填列。
(5) 综合运用上述填列方法分析填列。

利润表是反映企业在一定会计期间的经营成果的会计报表。

通过利润表，可以反映企业一定会计期间收入的实现情况，如实现的营业收入有多少、实现的投资收益有多少、实现的营业外收入有多少等；可以反映一定会计期间的费用耗费情况，如耗费的营业成本有多少、税金及附加有多少及销售费用、管理费用、财务费用各有多少、营业外支出有多少等；可以反映企业生产经营活动的成果，即净利润的实现情况，据以判断资本保值、增值等情况。

利用利润表本期和上期净利润可以计算生成净利润增长率，反映企业获利能力的增长情况和长期的盈利能力趋势；利用净利润和营业收入可以计算生成销售利润率，反映企业经营的获利能力；利用净利润、营业成本、销售费用、管理费用和财务费用可以计算生成成本费用利润率，反映企业投入产出情况。利用利润表数据与其他报表或有关资料，可以生成反映企业投资回报等有关情况的指标。比如，利用净利润和净资产可以计算净资产收益率，利用普通股每股市价与每股收益可以计算出市盈率等。

利润表由表首和正表两部分组成。其中，表首部分列示报表名称、编制单位名称、编制日期和货币名称等内容；正表是利润表的主体，该部分反映了形成经营成果的各个项目和计算过程。利润表的格式一般有单步式利润表和多步式利润表两种。我国财务报表列报准则规定，企业应当采用多步式列报利润表。

利润表各项目均需填列"本月数"和"本年数"两栏。其中"本月数"栏内各项数字，应根据各项目本月实际发生数字填列。"本年数"应根据本年年初至本月末止的累计实际发生数填列。在编制季度、半年度中期财务报告时，可以将"本月数"改为"上年数"，填列上年同期累计实际发生数；在编制年度财务报告时，也可将"本月数"改为"上年数"，填列上年全年累计实际发生数。

企业可以分如下三个步骤编制利润表。

第一步，以营业收入为基础，减去营业成本、税金及附加、销售费用、管理费用、财务费用、资产减值损失，加上公允价值变动收益（减去公允价值变动损失）和投资收益（减去投资损失），计算出营业利润。

第二步，以营业利润为基础，加上营业外收入，减去营业外支出，计算出利润总额。

第三步，以利润总额为基础，减去所得税费用，计算出净利润（或净亏损）。普通股或潜在普通股已公开交易的企业，以及正处于公开发行普通股或潜在普通股过程中的企业，还应当在利润表中列示每股收益信息。

利润表"本期金额"栏的填列方法：根据"营业收入"、"营业成本"、"税金及附加"、"销售费用"、"管理费用"、"财务费用"、"资产减值损失"、"公允价值变动收益"、"营业外收入"、"营业外支出"、"所得税费用"等损益类账户的发生额分析填列。其中，"营业利润"、"利润总额"、"净利润"项目根据利润表中相关项目计算填列。

利润表中的"上期金额"栏应根据上年该期利润表"本期金额"栏内所列数字填列。如果上年该期利润表规定的各个项目的名称和内容同本期不相一致，应对上年该期利润表各项目的名称和数字按本期的规定进行调整，填入利润表"上期金额"栏内。

现金流量表是反映企业在一定会计期间现金和现金等价物流入和流出的报表。

现金流量表的作用主要有以下几个方面：

（1）现金流量表可以帮助分析企业现金流入和流出的原因。

（2）现金流量表可以提供企业收益质量方面的相关信息。

（3）现金流量表能够说明企业偿还债务和支付股利的能力。

（4）现金流量表能够分析企业未来获取现金的能力。

现金流量表的编制基础是现金概念，其含义是广义的，它是指现金及现金等价物。

现金是指企业库存现金及可以随时用于支付的存款，包括库存现金、银行存款和其他货币资金（如外埠存款、银行汇票存款、银行本票存款等）等。

现金等价物是指企业持有的期限短、流动性强、易于转换为已知金额现金、价值变动风险很小的投资。期限短，一般是指从购买日起3个月内到期。

现金流量是指企业现金和现金等价物的流入和流出。

现金流量表中应当按照企业发生的经济业务性质，将企业一定期间内产生的现金流量分为经营活动产生的现金流量、投资活动产生的现金流量和筹资活动产生的现金流量3类。

我国企业现金流量表采用报告式结构，分类反映经营活动产生的现金流量、投资活动产生的现金流量和筹资活动产生的现金流量，最后汇总反映企业某一期间现金及现金等价物的净增加额。

编制现金流量表时，列报经营活动现金流量的方法有两种：一是直接法；二是间接法。这两种方法通常也被称为编制现金流量表的方法。

直接法是指通过现金收入和现金支出的主要类别列示经营活动的现金流量。

间接法是指以净利润为起算点，调整不涉及现金的收入、费用、营业外收支等有关项目，剔除投资活动、筹资活动对现金流量的影响，据此计算出经营活动产生的现金流量。

所有者权益变动表是反映企业构成所有者权益的各组成部分当期的增减变动情况的报表。

所有者权益变动表至少应当单独列示反映下列信息的项目：

（1）综合收益总额，在合并所有者权益变动表中还应单独列示归属于母公司所有者的综合收益总额和归属于少数股东的综合收益总额。

（2）会计政策变更和前期差错更正的累积影响金额。

（3）所有者投入资本和向所有者分配利润等。

（4）按照规定提取的盈余公积。

（5）所有者权益各组成部分的期初和期末余额及其调节情况。

财务报表附注是对在资产负债表、利润表、现金流量表和所有者权益变动表等报表中列示项目的文字描述或明细资料，以及对未能在这些报表中列示项目的说明等。

财务报表附注应当顺序披露以下主要资料：

（1）企业的基本情况：

①企业注册地、组织形式和总部地址。

②企业的业务性质和主要经营活动。

③母公司以及集团最终母公司的名称。

④财务报告的批准报出者和财务报告批准报出日，或者以签字人及其签字日期为准。

⑤营业期限有限的企业，还应当披露有关其营业期限的信息。

（2）财务报表的编制基础。

（3）遵循企业会计准则的声明。

（4）重要会计政策和会计估计。

（5）会计政策和会计估计变更以及差错更正的说明。

（6）报表重要项目的说明。

（7）或有和承诺事项、资产负债表日后非调整事项、关联方关系及其交易等需要说明的事项。

（8）有助于财务报表使用者评价企业管理资本的目标、政策及程序的信息。

复 习 思 考 题

1. 什么是财务报告？企业财务报表构成内容是什么？

2. 企业财务报告的主要使用者是哪些？

3. 何为账户式资产负债表？账户式结构的内在含义是什么？

4. 流动资产与非流动资产是怎样区分的？企业的流动资产主要项目有哪些？

5. 企业的流动负债项目有哪些？

6. 企业所有者权益由哪些项目组成？

7. 负债与所有者权益的区别是什么？

8. 利润表的基本结构和层次是怎样的？

9. 企业现金流量分为哪几类？编制经营活动现金流量的基本方法是什么？

自 测 题

一、单项选择题

1. 我国企业会计准则规定，利润表采用的格式为（   ）。
   A. 单步式　　　　　　　　B. 报告式
   C. 账户式　　　　　　　　D. 多步式
2. 编制财务会计报告的主要目的是（   ）。
   A. 综合反映企业的现金流动情况
   B. 综合反映企业的财务状况
   C. 综合反映企业的经营成果
   D. 为财务会计报告使用者进行决策提供会计信息
3. 资产负债表是反映企业某一特定日期（   ）的报表。
   A. 经营成果　　　　　　　B. 资产拥有量
   C. 财务状况　　　　　　　D. 现金流量
4. （   ），属于企业对外提供的静态报表。
   A. 利润表　　　　　　　　B. 所有者权益变动表
   C. 现金流量表　　　　　　D. 资产负债表
5. "应收账款"账户所属明细账户如有贷方余额，应在资产负债表（   ）项目中反映。
　　A. 应收账款　　　　　　　　B. 预收账款
　　C. 预付账款　　　　　　　　D. 应付账款
6. 直接根据总分类账户余额填列资产负债表项目的有（　　）。
　　A. 银行存款　　　　　　　　B. 应收账款
　　C. 应付票据　　　　　　　　D. 存货
7. 编制利润表主要是根据（　　）。
　　A. 损益类各账户的期末余额
　　B. 损益类各账户的本期发生额
　　C. 资产、负债和所有者权益各账户的期末余额
　　D. 资产、负债和所有者权益各账户的本期发生额
8. 在利润表中，净利润等于利润总额减去（　　）。
　　A. 管理费用　　　　　　　　B. 增值税
　　C. 营业外支出　　　　　　　D. 所得税费用
9. 企业"应付账款"账户月末贷方余额50 000元。其中，"应付账款——A公司"贷方余额45 000元，"应付账款——B公司"贷方余额60 000元，"应付账款——C公司"借方余额55 000元。"预付账款"账户月末贷方余额20 000元。其中，"预付账款——甲公司"贷方余额30 000元，"预付账款——乙公司"借方余额10 000元。该企业月末资产负债表中"预付账款"项目的金额为（　　）元。
　　A. 30 000　　　　　　　　　B. 65 000
　　C. 10 000　　　　　　　　　D. 20 000
10. 甲公司2017年发生如下业务：本年销售商品收到现金2 000万元，以前年度销售商品本年收到现金400万元，本年预收销售商品款项200万元，本年销售本年退回商品支付现金160万元，以前年度销售本年退回商品支付现金120万元。2017年该公司现金流量表中"销售商品、提供劳务收到的现金"项目的金额为（　　）万元。
　　A. 2 000　　　　　　　　　B. 2 120
　　C. 2 320　　　　　　　　　D. 1 720
11. 凯盛公司月末"应收账款"账户借方余额80 000元。其中，"应收账款——A公司"借方余额100 000元，"应收账款——B公司"贷方余额20 000元。月末"预收账款"账户贷方余额60 000元。其中，"预收账款——甲公司"贷方余额100 000元，"预收账款——乙公司"借方余额40 000元。则凯盛公司月末资产负债表中"应收账款"项目的金额为（　　）元。
　　A. 80 000　　　　　　　　　B. 180 000
　　C. 100 000　　　　　　　　D. 140 000

真题呈现

1. 下列各项中不属于筹资活动产生的现金流量的是（　　）。（2015年初会）

A. 偿还债务 　　　　　　　　B. 分配股利、利息
C. 吸收投资收到的现金 　　　D. 处置子公司

【答案】D

【解析】处置子公司收到的现金流量属于投资活动产生的现金流量。

2. 下列各项中，应列入资产负债表"资本公积"的是（　　）。（2015年初会）

A. 注销回购价格低于面值的库存股，其账面价值与所冲减股本的差额
B. 可供出售金融资产发生的公允价值变动损益
C. 采用权益法核算的长期股权投资按持股比例享有被投资单位实现净利润的份额
D. 将存货转为以公允价值模式计量的投资性房地产，其公允价值高于账面余额的差额

【答案】A

【解析】可供出售金融资产发生的公允价值变动损益计入其他综合收益，采用权益法核算长期股权投资按持股比例享有被投资单位实现净利润的份额不计入资本公积，应计入投资收益。将存货转为以公允价值模式计量的投资性房地产，其公允价值高于账面余额的差额计入其他综合收益。

3. 甲公司于2014年1月1日成立，承诺产品售后3年内向消费者免费提供维修服务，预计保修期内将发生的保修费在销售收入的3%~5%之间且这个区间每个金额发生的可能性相同。当年甲公司实现的销售收入为1 000万元，实际发生的保修费为15万元。不考虑其他因素，甲公司2014年12月31日资产负债表预计负债项目的期末余额为（　　）万元。（2015年中会）

A. 15 　　　　　　　　B. 25
C. 35 　　　　　　　　D. 40

【答案】B

【解析】当年计提预计负债=1 000×(3%+5%)÷2=40（万元），当年实际发生保修费冲减预计负债15万元，所以2014年末资产负债表预计负债项目的期末余额=40-15=25（万元）。

4. 下列资产负债表中，根据总账账户余额直接填列的是（　　）。（2016年初会）

A. 无形资产 　　　　　　B. 短期借款
C. 投资性房地产 　　　　D. 固定资产答案

【答案】B

5. 某企业适用的所得税税率为25%。2015年度该企业实现利润总额500万元，应纳税所得额为480万元，影响所得税费用的递延所得税资产增加8万元。不考虑其他因素，该企业2015年度利润表"所得税费用"项目本期金额为（　　）万元。（2016年初会）

A. 128 　　　　　　　B. 112
C. 125 　　　　　　　D. 120

【答案】B

【解析】该企业2015年度利润表"所得税费用"项目本期金额=480×25%-8=112（万元）。

6. 下列各项中，不属于投资活动产生的现金支出的是（　　）。（2016年初会）

A. 购买固定资产发生的支出 B. 购买无形资产发生的支出
C. 购买其他企业股票发生的支出 D. 购买原材料发生的支出

【答案】D

7. 下列各项中，不属于企业利润表项目的是（ ）。(2017年初会)
   A. 每股收益 B. 公允价值变动收益
   C. 未分配利润 D. 综合收益总额

【答案】C

二、多项选择题

1. 下列选项中，属于资产负债表中流动资产项目的有（ ）。
   A. 货币资金 B. 预收账款
   C. 应收账款 D. 在建工程

2. 利润表中"营业成本"项目填列的依据有（ ）。
   A. "营业外支出"账户发生额
   B. "主营业务成本"账户发生额
   C. "其他业务成本"账户发生额
   D. "税金及附加"账户发生额

3. 多步式利润表能够反映企业的（ ）等项目。
   A. 利润总额 B. 营业利润
   C. 所得税费用 D. 净利润

4. 下列项目中，构成利润表中的利润总额项目的有（ ）。
   A. 营业收入 B. 营业成本
   C. 营业外收入 D. 投资收益

5. 中期财务会计报告是指（ ）。
   A. 月度财务会计报告 B. 半年度财务会计报告
   C. 季度财务会计报告 D. 年度财务会计报告

6. 企业财务会计报告的主要使用者包括（ ）及社会公众。
   A. 投资者 B. 债权人
   C. 政府及相关机构 D. 企业管理人员

7. 在下列各项税费中，应在利润表中的"税金及附加"项目反映的有（ ）。
   A. 教育费附加 B. 城市维护建设税
   C. 印花税 D. 企业所得税

8. 下列各项中，应在资产负债表"应收账款"项目列示的有（ ）。
   A. "应收账款"账户所属明细账户的贷方余额
   B. "应收账款"账户所属明细账户的借方余额
   C. "预付账款"账户所属账户的借方余额
   D. "预收账款"账户所属明细账户的借方余额

9. 下列选项中，属于利润表项目的有（ ）。
   A. 未分配利润 B. 营业外收入

C. 净利润 D. 主营业务收入

10. 下列各项中,属于工业企业现金流量表"筹资活动产生的现金流量"的有( )。
   A. 取得借款收到的现金 B. 投资收到的现金股利
   C. 吸收投资收到的现金 D. 分配利润支付的现金

真题呈现

1. 下列各项中,影响利润表"营业成本"项目金额的有( )。(2016 年初会)
   A. 出租非专利技术的摊销额 B. 销售原材料的成本
   C. 转销已销商品相应的存货跌价准备 D. 出售商品的成本

   【答案】ABCD

2. 下列填入资产负债表"货币资金"项目的有( )。(2016 年初会)
   A. 库存现金
   B. 银行存款
   C. 其他货币资金
   D. 以公允价值计量且其变动计入当期损益的金融资产

   【答案】ABC

3. 下列各项中,应根据总账账户期末余额直接填列的资产负债表项目有( )。(2017 年初会)
   A. 短期借款 B. 长期应付款
   C. 应付票据 D. 长期借款

   【答案】AC
   【解析】长期应付款和长期借款都需要分析计算填列。

三、判断题

1. 中期财务会计报告通常仅指财务报表,至少应该包括资产负债表、利润表和现金流量表。 ( )
2. 资产负债表的格式主要有账户式和报告式两种,我国采用的是账户式。 ( )
3. 资产负债表是反映企业在一定会计期间经营成果的报表,属于静态报表。 ( )
4. 利润表的格式主要有多步式和单步式两种,我国采用的是单步式。 ( )
5. 财务会计报告是由企业根据经过审核无误的记账凭证编制的。 ( )
6. 资产负债表中资产项目是按资产流动性强弱的顺序排列的。 ( )
7. 向不同的会计信息使用者提供财务会计报告,其编制依据可以不一致。 ( )
8. 资产负债表中资产项目的排列顺序主要依据是项目重要性。 ( )
9. "材料成本差异"账户的期末余额,不应在资产负债表"存货"项目列示。 ( )
10. 某企业期末"工程物资"账户的余额为 200 万元,"发出商品"账户的余额为 50 万元,"原材料"账户的余额为 60 万元,"材料成本差异"账户的贷方余额为 5 万元。假定不考虑其他因素,该企业资产负债表中"存货"项目的金额为 105 万元。 ( )

真题呈现

1. "综合收益总额"项目,反映净利润和其他综合收益扣除所得税影响后的净额相加后的合计金额。( )(2015年中会)

【答案】对

2. 企业将于一年内偿还的长期借款,应在资产负债表中"一年内到期的非流动负债"项目列表。( )(2017年中会)

【答案】对

3. 企业出售生产经营用固定资产实现的净收益,应计入利润表的营业收入。( )(2016年初会)

【答案】错

【解析】企业出售生产经营用固定资产实现的净收益,应计入利润表的营业外收入。

四、实务题

实务题一

一、目的:练习资产负债表项目年末余额的计算填列。

二、资料:凯达工业有限公司2017年有关资料如下:

1. 2017年1月1日,部分总账及其所属明细账余额如表14-1:

表14-1　　　　　　　　凯达工业有限公司有关明细账余额表

2017年1月1日　　　　　　　　　　　　　　金额单位:万元

总账	明细账	借或贷	余额
应收账款	甲公司	借	650
坏账准备		贷	25
长期股权投资	乙公司	借	2 000
固定资产		借	3 700
累计折旧		贷	600
固定资产减值准备		贷	150
应付账款	A公司	借	150
	B公司	贷	1 050
长期借款	工商银行	贷	600

注:①凯达工业有限公司未单独设置"预付账款"账户。

②表中长期借款为2016年5月10日从银行借入,借款期限2年,年利率6.5%,每年付息一次。

2. 2017年凯达工业有限公司发生如下业务:

(1) 2月5日,收回上年已作为坏账转销的应收H公司账款24万元并存入银行。

(2) 2月6日,收到A公司发来的材料一批并验收入库,增值税专用发票注明货款100万元,增值税17万元,其款项上年已预付。

(3) 6月10日,对生产车间厂房设施进行提升改造,由华凯建筑公司承包,发生后续支出总计200万元,所替换的旧设施收回残料款8万元,该设施原价400万元,已提折旧

180万元，已提减值准备18万元。该厂房于10月30日达到预定可使用状态，其后续支出符合资本化条件。

（4）1—5月该厂房计提折旧20万元。

（5）7月1日从中国银行取得3年期借款400万元，年利率6.8%，每季度付息一次。

（6）9月3日用银行汇票购进原材料一批，买价200万元，增值税34万元。

（7）10月15日购进不需安装生产设备一套，买价120万元，增值税率17%。当即签发一张为期90天的商业承兑汇票。

（8）11月30日以银行存款预付供公司高级管理人员免费居住的12月份住房租金1.2万元。

（9）12月31日，经计算本月应付职工工资85.3万元，应计提社会保险费23.1万元（假设全部计入管理费用）。

（10）12月31日，经减值测试，应收甲公司账款预计未来现金流量现值为500万元。

（11）凯达工业有限公司对乙公司的长期股权投资采用权益法核算，其投资占乙公司的表决权股份的35%。2017年乙公司实现净利润190万元。长期股权投资在资产负债表日不存在减值迹象。

除上述资料外，不考虑其他因素。

三、要求：

1. 编制上述经济业务相应的会计分录。

2. 列式计算凯达工业有限公司2017年12月31日资产负债表中应收账款、预付账款、长期股权投资、固定资产、应付票据、应付账款、应付职工薪酬、长期借款项目的年末余额。

实务题二

一、目的：练习利润表中营业利润、利润总额、净利润项目的计算填列。

二、资料：贵港公司 2017 年度损益类账户余额如表 14-2：

表 14-2　　　　　　　　　　贵港公司损益类账户余额

2017 年度　　　　　　　　　　　　　　　　　金额单位：万元

账户名称	借方发生额	贷方发生额
主营业务收入		2 372
主营业务成本	1 453	
税金及附加	64.5	
其他业务收入		326
其他业务成本	257	
销售费用	232.5	
管理费用	348	
财务费用	415	
投资收益		352
营业外收入		47.3
营业外支出	78.7	
所得税费用	37.8	

三、要求：根据表 14-2 资料计算贵港公司的 2017 年度利润表"本年累计"栏的营业利润、利润总额、净利润项目。

实务题三

一、目的：练习资产负债表、利润表和现金流量表的编制。

二、资料：江海实业股份有限公司为增值税一般纳税人，适用增值税税率为17%，企业所得税税率为25%；原材料采用计划成本进行核算。该公司2016年12月31日的资产负债表如表14-3：

表14-3　　　　　　　　　　　　　　　　　资产负债表　　　　　　　　　　　　　　　　　会企01表

编制单位：江海实业股份有限公司　　　　　2016年12月31日　　　　　　　　　　　　　　单位：元

资产	期末余额	年初余额	负债和所有者权益	期末余额	年初余额
流动资产：			**流动负债：**		
货币资金	7 031 500		短期借款	1 500 000	
以公允价值计量且其变动计入当期损益的金融资产	75 000		以公允价值计量且其变动计入当期损益的金融负债	0	
应收票据	1 230 000		应付票据	1 000 000	
应收账款	1 995 500		应付账款	4 774 000	
预付账款	500 000		预收账款	0	
应收利息	0		应付职工薪酬	550 000	
应收股利	0		应交税费	183 000	
其他应收款	1 525 000		应付利息	0	
存货	12 900 000		应付股利	0	
一年内到期的非流动资产	0		其他应付款	250 000	
其他流动资产	0		一年内到期的非流动负债	0	
流动资产合计	25 257 000		其他流动负债	0	
非流动资产：			流动负债合计	13 257 000	
可供出售金融资产	0		**非流动负债：**		
持有至到期投资	0		长期借款	3 000 000	
长期应收款			应付债券	0	
长期股权投资	1 250 000		长期应付款	0	
投资性房地产			专项应付款	0	
固定资产	4 000 000		预计负债	0	
在建工程	7 500 000		递延所得税负债		
工程物资	0		其他非流动负债	0	
固定资产清理	0		非流动负债合计	3 000 000	
生产性生物资产	0		负债合计	16 257 000	
油气资产	0		**所有者权益（或股东权益）：**		
无形资产	3 000 000		实收资本（或股本）	25 000 000	
开发支出	0		资本公积	0	

续表

资产	期末余额	年初余额	负债和所有者权益	期末余额	年初余额
递延所得税资产	0		盈余公积	500 000	
其他非流动资产	1 000 000		未分配利润	250 000	
非流动资产合计	16 750 000		所有者权益（或股东权益）合计	25 750 000	
资产总计	42 007 000		负债和所有者权益总计	42 007 000	

其中,"应收账款"账户的期末余额为 2 000 000 元,"坏账准备"账户的贷方期末余额为 4 500 元,"累计折旧"账户的期末余额为 1 500 000 元。存货、长期股权投资、固定资产、无形资产等资产均没有计提资产减值准备。

2017 年,江海实业股份有限公司发生如下经济业务:

(1) 购入原材料一批,收到的增值税专用发票上注明的原材料价款为 750 000 元,增值税进项税额为 127 500 元,款项已通过银行转账支付,材料尚未验收入库。

(2) 收到原材料一批,实际成本 500 000 元,计划成本 475 000 元,材料已验收入库,货款已于上月支付。

(3) 收到银行通知,用银行存款支付到期的商业承兑汇票 500 000 元。

(4) 用银行汇票支付材料采购价款,公司收到开户银行转来银行汇票多余款收账通知,通知上填写的多余款为 1 170 元,购入材料及运费 499 000 元,支付的增值税进项税额 84 830 元,材料已验收入库,该批原材料计划价格 500 000 元。

(5) 销售产品一批,开出的增值税专用发票上注明价款为 1 500 000 元,增值税销项税额为 255 000 元,货款尚未收到。该批产品实际成本 900 000 元,产品已发出。

(6) 从银行借入 2 年期借款 5 000 000 元,借款已存入银行账户。

(7) 购入不需安装的生产用设备一台,收到增值税专用发票上注明的设备价款为 450 000 元,增值税进项税额为 76 500 元,支付包装费、运费 5 000 元,增值税率 11%,价款、税款及包装费、运费均以银行存款支付,设备已交付使用。

(8) 购入用于办公楼建设的工程物资一批,收到增值税专用发票上注明的物资价款和增值税进项税额合计为 1 500 000 元,款项已通过银行转账支付,物资全部投入工程使用。

(9) 用银行存款支付办公楼建设工程施工承包费 2 800 000 元,增值税率 11%。

(10) 办公楼建设工程完工,交付办公使用,已办理竣工手续。

(11) 基本生产车间一台机床报废,原价 1 000 000 元,已提折旧 900 000 元,清理费用 15 000 元,残值收入 18 000 元,均通过银行存款收支。该项固定资产已清理完毕。

(12) 公司将交易性金融资产(股票投资)出售 82 500 元,该投资的成本为 75 000 元,公允价值变动为增值 10 000 元,处置收益为 7 500 元,均存入银行。

(13) 基本生产领用原材料,计划成本为 3 500 000 元,领用低值易耗品,计划成本 250 000 元,采用一次摊销法摊销。

(14) 公司将要到期的一张面值为 1 000 000 元的无息银行承兑汇票(不含增值税),连同解讫通知和进账单交银行办理转账。收到银行盖章退回的进账单一联。款项银行已收妥。

(15) 公司出售一台不需用设备,收到价款 1 500 000 元,该设备原价 2 000 000 元,已提折旧 750 000 元。

（16）支付工资 1 500 000 元。

（17）分配应支付的职工工资 1 500 000 元（不包括在建工程应负担的工资），其中生产人员薪酬 1 375 000 元，车间管理人员薪酬 50 000 元，行政管理部门人员薪酬 75 000 元。

（18）提取职工福利费 210 000 元，其中生产工人福利费 192 500 元，车间管理人员福利费 7 000 元，行政管理部门福利费 10 500 元。

（19）销售产品一批，开出的增值税专用发票上注明的销售价款为 7 000 000 元，增值税销项税额为 1 190 000 元，款项已存入银行。销售产品的实际成本为 4 200 000 元。

（20）取得交易性金融资产（股票投资），价款 1 000 000 元，交易费用 4 500 元，银行存款支付。

（21）结转领用原材料应分摊的材料成本差异，材料成本差异率为 -2%。

（22）计提无形资产摊销 300 000 元。

（23）计提固定资产折旧 500 000 元，其中计入制造费用 400 000 元、管理费用 100 000 元。计提固定资产减值准备 150 000 元。

（24）用银行存款交纳增值税 500 000 元、教育费附加 10 000 元。

（25）用银行存款支付产品展览费 100 000 元，支付基本生产车间水电费 450 000 元。

（26）计算并结转本期完工产品成本 6 412 000 元。期末没有在产品，本期生产的产品全部完工入库。

（27）用银行存款支付广告费 100 000 元。

（28）公司采用商业承兑汇票结算方式销售产品一批，开出的增值税专用发票上注明的销售价款为 2 500 000 元，增值税销项税额为 425 000 元，收到税款 425 000 元存入银行，另收到商业承兑汇票一张，面值 2 500 000 元。产品实际成本为 1 700 000 元。

（29）公司将上述承兑汇票到银行办理贴现，贴现金额 2 480 000 元。

（30）上年度销售产品一批，开出的增值税专用发票上注明的销售价款为 200 000 元，增值税销项税额为 34 000 元，购货方开出商业承兑汇票。本期由于购货方发生财务困难，无法按合同规定偿还债务，经双方协议，江海公司同意购货方用产品抵偿该应收票据。用于抵债的产品市价为 220 000 元，增值税税率为 17%。

（31）收到应收账款 510 000 元，存入银行。

（32）本期在建工程应负担的长期借款利息费用 2 000 000 元，长期借款为分期付息。

（33）提取应计入本期损益的长期借款利息费用 100 000 元，长期借款为分期付息。

（34）公司本期产品销售应交纳的教育费附加为 10 000 元，归还短期借款本金 3 000 000 元。

（35）支付长期借款利息 2 100 000 元。

（36）偿还长期借款 5 000 000 元。

（37）计提应收账款坏账准备 56 000 元。

（38）持有的交易性金融资产的公允价值为 935 000 元。

（39）结转本期产品销售成本 3 200 000 元。

（40）江海公司除计提固定资产减值准备 150 000 元造成固定资产账面价值与其计税基础存在差异外，不考虑其他项目的所得税影响。企业按照税法规定计算确定的应交所得税为 681 320 元，递延所得税资产为 44 500 元。

(41) 将各收支账户结转本年净利润。
(42) 按照净利润的10%提取法定盈余公积金。
(43) 将利润分配各明细账户的余额转入"未分配利润"明细账户，结转本年利润。
(44) 用银行存款交纳当年应交所得税。

三、要求：

1. 编制江海公司2017年度经济业务的会计分录。
2. 编制江海公司2017年12月31日资产负债表、2017年利润表、现金流量表（见表14-4至表14-6）。

表14-4 资产负债表 会企01表

编制单位：　　　　　　　　　　　　　年 月 日　　　　　　　　　　　　单位：元

资　　产	期末余额	年初余额	负债和所有者权益	期末余额	年初余额
流动资产：			**流动负债：**		
货币资金			短期借款		
以公允价值计量且其变动计入当期损益的金融资产			以公允价值计量且其变动计入当期损益的金融负债		
应收票据			应付票据		
应收账款			应付账款		
预付账款			预收账款		
应收利息			应付职工薪酬		
应收股利			应交税费		
其他应收款			应付利息		
存货			应付股利		
一年内到期的非流动资产			其他应付款		
其他流动资产			一年内到期的非流动负债		
流动资产合计			其他流动负债		
非流动资产：			流动负债合计		
可供出售金融资产			**非流动负债：**		
持有至到期投资			长期借款		
长期应收款			应付债券		
长期股权投资			长期应付款		
投资性房地产			专项应付款		
固定资产			预计负债		
在建工程			递延所得税负债		
工程物资			其他非流动负债		
固定资产清理			非流动负债合计		
生产性生物资产			负债合计		
油气资产			**所有者权益（或股东权益）：**		
无形资产			实收资本（或股本）		
开发支出			资本公积		
商誉			减：库存股		
长期待摊费用			其他综合收益		
递延所得税资产			盈余公积		
其他非流动资产			未分配利润		
非流动资产合计			所有者权益（或股东权益）合计		
资产总计			**负债和所有者权益总计**		

表 14-5　　　　　　　　　　　　　　　　　利润表

企会 02 表

编制单位：　　　　　　　　　　　　　　　　年　月　　　　　　　　　　　　　　　　单位：元

项　　目	本期金额	上期金额
一、营业收入		
减：营业成本		
税金及附加		
销售费用		
管理费用		
财务费用（收益以"-"号填列）		
资产减值损失		
加：公允价值变动净收益（损失以"-"号填列）		
投资净收益（损失以"-"号填列）		
二、营业利润（亏损以"-"号填列）		
加：营业外收入		
减：营业外支出		
其中：非流动资产处置净损失		
三、利润总额		
减：所得税费用		
四、净利润（净亏损以"-"号填列）		
五、每股收益		
（一）基本每股收益		
（二）稀释每股收益		
六、其他综合收益		
七、综合收益总额		

表 14-6　　　　　　　　　　　　　　　　　现金流量表

企会 03 表

编制单位：　　　　　　　　　　　　　　　　年　月　　　　　　　　　　　　　　　　单位：元

项　　目	本年金额
一、经营活动产生的现金流量	
销售商品、提供劳务收到的现金	
收到的税费返还	
收到的其他与经营活动有关的现金	
经营活动现金流入小计	
购买商品、接受劳务支付的现金	
支付给职工以及为职工支付的现金	
支付的各项税费	
支付的其他与经营活动有关的现金	
经营活动现金流出小计	

续表

项目	本年金额
经营活动产生的现金流量净额	
二、投资活动产生的现金流量	
收回投资所收到的现金	
取得投资收益所收到的现金	
处置固定资产、无形资产和其他长期资产收回的现金净额	
收到的其他与投资活动有关的现金	
投资活动现金流入小计	
购建固定资产、无形资产和其他长期资产所支付的现金	
投资所支付的现金	
支付的其他与投资活动有关的现金	
投资活动现金流出小计	
投资活动产生的现金流量净额	
三、筹资活动产生的现金流量	
吸收投资收到的现金	
取得借款收到的现金	
收到的其他与筹资活动有关的现金	
筹资活动现金流入小计	
偿还债务所支付的现金	
分配股利、利润或偿还利息所支付的现金	
支付的其他与筹资活动有关的现金	
筹资活动现金流出小计	
筹资活动产生的现金流量净额	
四、汇率变动对现金的影响	
五、现金及现金等价物净增加额	
加：期初现金及现金等价物余额	
六、期末现金及现金等价物余额	

真题呈现

甲公司2014年年初递延所得税负债的余额为零，递延所得税资产的余额为30万元（系2013年年末应收账款的可抵扣暂时性差异产生）。甲公司2014年度有关交易和事项的会计处理中，与税法规定存在差异的有：（2015年中会）

资料一：2014年1月1日，购入一项非专利技术并立即用于生产A产品，成本为200万元，因无法合理预计其带来经济利益的期限，作为使用寿命不确定的无形资产核算。2014年12月31日，对该项无形资产按照10年的期限摊销，有关摊销额允许税前扣除。

资料二：2014年1月1日，按面值购入当日发行的3年期国债1 000万元，作为持有至到期投资核算。该债券票面利率为5%，每年年末付息一次，到期偿还面值。2014年12月31日，甲公司确认了50万元的利息收入。根据税法规定，国债利息收入免征企业所得税。

资料三：2014年12月31日，应收账款面余额为10 000万元，减值测试前坏账准备的余额为200万元，减值测试后补提坏账准备100万元。根据税法规定，提取的坏账准备不允许税前扣除。

资料四：2014年度，甲公司实现的利润总额为10 070万元，适用的所得税税率为15%；预计从2015年开始适用的所得税税率为25%，且未来期间保持不变。假定未来期间能够产生足够的应纳税所得额用以抵扣暂时性差异，不考虑其他因素。

要求：

（1）分别计算甲公司2014年度应纳税所得额和应交所得税的金额。

（2）分别计算甲公司2014年年末资产负债表"递延所得税资产"、"递延所得税负债"项目"期末余额"栏应列示的金额。

（3）计算确定甲公司2014年度利润表"所得税费用"项目"本年金额"栏应列示的金额。

（4）编制甲公司与确认应交所得税、递延所得税资产、递延所得税负债和所得税费用相关的会计分录。

【答案】

（1）资料一：无形资产2014年年末账面价值200（万元），计税基础 = 200 - 200÷10 = 180（万元），产生20万元应纳税暂时性差异，做纳税调减，确认递延所得税负债 = 20×25% = 5（万元），做纳税调减。

（2）资料二：持有至到期投资2014年年末账面价值，计税基础 = 1 000万元，甲公司确认的50万元利息收入形成永久性差异做纳税调减。

（3）资料三：应收账款2014年末账面价值 = 10 000 - 200 - 100 = 9 700（万元），计税基础 = 10 000万元，产生300万元可抵扣暂时性差异余额，本期确认递延所得税资产 = 300×25% - 30 = 45（万元）或者100×25% + 200×（25% - 15%）= 45（万元）。

应纳税所得额 = 10 070 - 20 - 50 + 100 = 10 100（万元）

应交税费 = 10 100×15% = 1 515（万元）

"递延所得税资产"期末余额 = 期初余额30 + 本期发生额45 = 75（万元）

"递延所得税负债"期末余额 = 期初余额0 + 本期发生额5 = 5（万元）

所得税费用 = 1 515 - 45 + 5 = 1 475（万元）

（4）

借：所得税费用　　　　　　　　　　　　　　　　　1 515

　　贷：应交税费——应交所得税　　　　　　　　　　　　1 515

借：递延所得税资产　　　　　　　　　　　　　　　45

　　贷：递延所得税负债　　　　　　　　　　　　　　　　　5

　　　　所得税费用　　　　　　　　　　　　　　　　　　40